utb 6165

Eine Arbeitsgemeinschaft der Verlage

Brill | Schöningh – Fink · Paderborn
Brill | Vandenhoeck & Ruprecht · Göttingen – Böhlau · Wien · Köln
Verlag Barbara Budrich · Opladen · Toronto
facultas · Wien
Haupt Verlag · Bern
Verlag Julius Klinkhardt · Bad Heilbrunn
Mohr Siebeck · Tübingen
Narr Francke Attempto Verlag – expert verlag · Tübingen
Psychiatrie Verlag · Köln
Ernst Reinhardt Verlag · München
transcript Verlag · Bielefeld
Verlag Eugen Ulmer · Stuttgart
UVK Verlag · München
Waxmann · Münster · New York
wbv Publikation · Bielefeld
Wochenschau Verlag · Frankfurt am Main

Studienkommentare zu lateinischen und griechischen Texten

Herausgegeben von
Dominik Berrens
Martin Korenjak
Katharina Wesselmann
Bernhard Zimmermann

Band 4

Gabriela Kompatscher

Tacitus
Germania

Studienkommentar

Vandenhoeck & Ruprecht

Gabriela Kompatscher ist außerordentliche Professorin für Lateinische Philologie an der Leopold-Franzens-Universität Innsbruck.

Online-Angebote oder elektronische Ausgaben sind erhältlich unter **www.utb.de**

Bibliografische Information der Deutschen Nationalbibliothek:
Die Deutsche Nationalbibliothek verzeichnet diese Publikation in der Deutschen Nationalbibliografie; detaillierte bibliografische Daten sind im Internet über https://dnb.de abrufbar.

Umschlagabbildung: Zitat des ersten Satzes aus der Germania des Tacitus.
Umschlaggestaltung: siegel konzeption | gestaltung, Stuttgart
Satz: SchwabScantechnik, Göttingen
Druck und Bindung: Plump Druck & Medien GmbH, Rheinbreitbach
Printed in the EU.

Vandenhoeck & Ruprecht Verlage | www.vandenhoeck-ruprecht-verlage.com

UTB-Band-Nr. 6165
ISBN 978-3-8252-6165-8

Vorwort zur Reihe

Die Lektüre griechischer und lateinischer Texte im Original ist eine wesentliche Voraussetzung für das Verständnis der antiken Literatur und Kultur. Aus vielfältigen Gründen bedürfen Studierende altertumswissenschaftlicher Fächer gerade am Anfang ihres Studiums häufig weitreichender Hilfestellungen bei der Lektüre. Obgleich es besonders in der englischsprachigen Welt bereits mehrere etablierte Reihen gibt, die zentrale Texte der griechischen und lateinischen Literatur für Studierende aufbereiten, fehlt es an solchen Studienkommentaren, die spezifisch an den heutigen Bedürfnissen der deutschsprachigen Universitäten ausgerichtet sind. Diese Lücke soll mit den Bänden dieser Reihe geschlossen werden.

Die Reihe richtet sich primär an Studierende der Klassischen Philologie, doch sind die Bände auch für andere Altertums- und Literaturwissenschaften interessant. Zu denken ist hier insbesondere an die Alte Geschichte, Klassische Archäologie, Philosophie, Theologie und die modernen Philologien. Latein- und Griechischkenntnisse auf dem Niveau des Latinums bzw. des Graecums werden vorausgesetzt. Auch für Lehrende sind die Kommentare zur Vorbereitung des eigenen Unterrichts nützlich und erschließen Texte neu zur schulischen Lektüre.

Die Einsatzmöglichkeiten der Bände sind vielfältig. Sie können etwa im Rahmen von universitären Lehrveranstaltungen eingesetzt werden, um zu einer Entlastung des Unterrichts beizutragen. Erfahrungsgemäß muss gerade bei der Behandlung komplexer Texte ein großer Teil der ohnehin knappen Unterrichtszeit auf das sprachliche Verständnis und die Erläuterung schwieriger Textpassagen verwendet werden. Für die im Rahmen eines (Pro-)Seminars angedachte inhaltliche Auseinandersetzung mit dem Werk und der dazugehörigen Sekundärliteratur bleibt daher oftmals wenig Zeit. Ein auf sprachliche Erläuterungen und Realien fokussierender Studienkommentar kann hier große Erleichterung verschaffen. Ein weiterer, möglicherweise noch wichtigerer Einsatzort ist die selbstständige Lektüre der Studierenden. Wie in allen literaturwissenschaftlichen Fächern sind die Studierenden der alten Sprachen dazu angehalten, ein größeres Pensum zentraler griechischer und lateinischer Texte selbstständig zu lesen. Gerade hier bieten die Bände dieser Reihe eine Hilfe.

Der Fokus der Kommentare liegt auf der Erklärung sprachlicher Schwierigkeiten. Inhaltliche Fragen werden ausgeführt, soweit sie für das Verständnis des Textes notwendig sind. Jeder Band wird durch eine knappe Einleitung zu Autor und Werk bzw. zur Textsammlung eingeführt und enthält eine Übersicht zu sprachlichen Besonderheiten des gewählten Textes. Bei dichterischen Texten wird auch eine Einführung in die relevante Metrik geboten. Ein Lernvokabular enthält wichtige Wörter, die über den Grundwortschatz hinausgehen.

Um die Bände eigenständig verwenden zu können, wird ein Lesetext beigegeben. Der Kommentar wird unterhalb des Textes auf derselben Seite gedruckt, was stän-

diges Blättern erspart und so die Arbeit am Text erleichtert. Umfangreichere Werke werden in sinnvolle Abschnitte unterteilt, damit Interessierte bei Bedarf auch nur einzelne Passagen lesen können. Zudem wird jedem Abschnitt eine kurze deutsche Zusammenfassung vorangestellt, damit diejenigen, die nur einen Teil des Werkes lesen, einen Überblick gewinnen können.

Ein wesentlicher Teil der geplanten Bände dieser Reihe wird sich Texten der klassischen Antike widmen. Da jedoch die mittel- und neulateinische Literatur nicht nur in der Forschung, sondern auch in der Lehre immer wichtiger wird, soll sich diese wachsende Bedeutung auch in Bänden zu Texten aus diesen Epochen niederschlagen.

Wenn die Bände dieser Reihe Menschen dazu anregen, sich selbstständig und ohne Scheu interessanten griechischen und lateinischen Texten im Original zu widmen, so haben sie ihr Ziel erreicht.

Dominik Berrens
Martin Korenjak
Katharina Wesselmann
Bernhard Zimmermann

Inhalt

Vorwort

Tacitus' *Germania* sperrt sich hauptsächlich aus zwei Gründen gegen eine ‚bequeme' Lektüre: Ihre Vergangenheit ist belastet und ihre sprachliche Erschließung bereitet Studierenden mitunter nicht nur in der Eingewöhnungsphase Schwierigkeiten. Dazu im Folgenden einige Anmerkungen:

Im Rahmen von Deutschlands Schul- und Lehrplanreform von 1938 wurde auch der Lateinunterricht ideologisch perspektiviert.[1] Dies umschloss u. a. eine Abkehr von Texten bzw. Autoren, die sich nicht in den Dienst des nationalsozialistischen Weltbildes stellen ließen, und umgekehrt eine Fokussierung auf Texte, die dieses förderten. Die *Germania* des Tacitus eignete sich dafür u. a. deshalb, weil man sie als historischen Beleg für ein Ahnentum las, das den im Dritten Reich vertretenen Werten entsprach. Die auf dieser Grundlage entstehenden Übersetzungen, Interpretationen und Kommentierungen waren entsprechend manipulativ. Wo eine positive Auslegung germanischer Eigenschaften nicht möglich war, dementierten sie Tacitus' jeweilige Aussagen dazu.[2]

Zwar wurde die *Germania* auch schon früher von den jeweiligen Interpreten nach eigenem Belieben ausgelegt, etwa durch Rudolf von Fulda († 865) oder Enea Silvo Piccolomini (1405–1464), doch vor allem ihr Missbrauch durch den Nationalsozialismus hinterließ Spuren in der Forschungslandschaft: Man könnte meinen, das Werk sei dadurch gleichsam epigenetisch modifiziert worden, sodass ein Interesse an einer Auseinandersetzung mit ihm nach 1945 kaum mehr angebracht zu sein schien.

Erst seit den 1980er Jahren ist im deutschen Sprachraum wieder eine Tendenz zu einer verstärkten Beschäftigung mit der *Germania,* vor allem im Bereich der Kommentierung, erkennbar,[3] jetzt aber *sine ira et studio* („ohne Zorn und Eifer", Ann. 1,13), *sine gratia et ambitione* („nicht aus Gefälligkeit oder Gunstbuhlerei", Agr. 1,2) bzw. *neque amore quisquam et sine odio* („über niemanden mit Zuneigung und über jeden ohne Hass", Hist. 1,13). An Kommentaren sind hier jene von Lund (1988), Perl (1990) und Städele (^{2}2001) zu nennen. Daneben wurden Schüler_innen- bzw. Lehrer_innen-Kommentare verfasst, z. B. von Kliemt (2006), Schulz (1992 und 1995) und Städele (1983).

1 Zum Lateinunterricht im Nationalsozialismus siehe etwa Fritsch 1989 oder Kuhlmann 2006, zur *Germania* im Nationalsozialismus z. B. Lund 1995 und Holstein 2015.

2 Siehe Holstein 2015, 64–67.

3 Zur Germanenbildforschung bis zum Ende des 20. Jhs. siehe etwa Krierer 2000.

Der vorliegende Band möchte – auf Grund des mehrfach erfolgten Missbrauchs – zu einer kritischen Lektüre der *Germania* anregen.[4] Zu diesem Zweck seien den Leser_innen u. a. die Studien von Allan A. Lund (1995) sowie Christopher B. Krebs (2012) empfohlen. Weiters sei darauf verwiesen, dass bei der Hinzuziehung von Kommentaren, die zur Zeit des Nationalsozialismus entstanden sind, wie etwa jenem von Rudolf Much (1. Auflage 1937), eine angemessene Skepsis erforderlich ist.

Hauptaufgabe dieses Kommentars ist jedoch, Studierende, die eine selbständige Lektüre der *Germania* planen, sich jedoch zu Beginn der Lektüre meist mit sprachlichen Schwierigkeiten verschiedener Art konfrontiert sehen,[5] zu begleiten und zu unterstützen. Dementsprechend werden nur jene inhaltlichen Fragen geklärt, die für die Bedeutungserfassung der jeweiligen Stelle erforderlich sind; für alle anderen wird auf entsprechende Literatur verwiesen. Generell gilt, dass im Kommentar bewusst weniger spezielle Forschungsliteratur, als vielmehr facheinschlägige Hilfsmittel wie Grammatiken, Lexika und andere Nachschlagewerke angeführt werden, damit deren Handhabung trainiert werden kann. Besteht darüber hinaus ein Interesse an inhaltlichen Aspekten, können die im Literaturverzeichnis genannten Kommentare sowie die in den Nachschlagewerken angeführte Literatur hinzugezogen werden.

Möchte man das Gesamtwerk lesen, lohnt es sich, während der Lektüre die ungefähre geographische Lage der jeweils bei Tacitus genannten Stämme in eine Karte Mittel- und Nordeuropas einzutragen (oder eine solche nach den Vorstellungen des Tacitus zu erstellen). Zum anschließenden Vergleich bieten sich z. B. die Karten in den Ausgaben von Zernial 1890, Mariotti 1981, 188, Perl 1990, Städele ^{2}2001, 419, oder Froesch 2012, 86 f. an.

Für den Fall, dass nicht das gesamte Werk gelesen wird, wurden thematisch zusammengehörige Kapitel gruppiert und ihr Inhalt zusammengefasst. Mehrmals vorkommende sprachliche Besonderheiten, Personen und Sachverhalte werden nur beim erstmaligen Auftreten kommentiert; zu allen weiteren Stellen werden entsprechende Querverweise gesetzt. Wo es sinnvoll erscheint, werden grammatische Themen systematisch besprochen. Es empfiehlt sich, mit dem beigegebenen Lernvokabular öfter vorkommende Vokabeln zu lernen, um so das Lektüretempo zu erhöhen. Ausgefallenere Vokabeln sowie vom üblichen Sinn abweichende Bedeutungen derselben werden im Kommentar angegeben.

Ich danke meinen überaus geschätzten Kollegen Martin Korenjak und Dominik Berrens für die kritische Lektüre des Kommentars und ihre äußerst wertvollen Verbesserungs- und Ergänzungsvorschläge (wie etwa zum Isis-Tempel in Mainz,

4 Der italienische Historiker Arnaldo Momigliano (1960, 13 f.) schlägt übrigens vor, das Buch zu den „hundred most dangerous books ever written" zu zählen, zusammen mit Homers Ilias (auf Grund der seiner Meinung nach „nefarious consequences of that great epic model").

5 Dazu mehr im Kapitel „Literarischer Stil und sprachliche Besonderheiten", S. 21.

zu Lukians *Hercules Gallicus* u. v. m.). Eventuelle Fehler liegen natürlich in meiner alleinigen Verantwortung.

Gleichzeitig habe ich Herrn Korenjak und Herrn Berrens sowie den weiteren Herausgeber_innen Prof. Dr. Katharina Wesselmann und Prof. Dr. Dr. h. c. Bernhard Zimmermann für die Aufnahme in ihre Reihe zu danken.

Dem Verlag und besonders Herrn Pätzke, Frau Miriam Lux und Frau Renate Rehkopf danke ich für die sorgfältige Betreuung des Bandes und die gute Zusammenarbeit.

Einführung

Tacitus – Leben und Werk

Leben[6]

Cornelius Tacitus war ein römischer Historiograph – soviel können wir zumindest mit Gewissheit sagen. Wir kennen jedoch weder seinen Vornamen,[7] noch seine genauen Lebensdaten (etwa 57–120 n. Chr.), und auch über seinen Lebensverlauf können wir nur wenig sagen, da sich die wenigen Anhaltspunkte dafür hauptsächlich in seinen eigenen Werken und den Briefen Plinius' d. J. finden, mit dem er befreundet war.[8] Möglicherweise lässt sich Tacitus' Herkunft auf eine Ritterfamilie aus der Provinz Gallia Narbonensis zurückführen, womit er ein *homo novus* wäre. Bereits in jungen Jahren ist er in Rom, wo er wohl seine Ausbildung zum Redner und Politiker erhält und wo er den beiden Starrednern jener Zeit, Marcus Aper und Iulius Secundus, zuhört, wie er in seinem Werk *Dialogus de oratoribus* (2) schreibt; bald erwirbt er sich selbst einen guten Ruf als Redner, wie es bei Plinius d. J. (*Epistulae* 7,20,4) heißt. Eines der wenigen sicheren Daten ist das Jahr 77 n. Chr., in welchem er – gemäß eigener Aussage in seinem Werk *Agricola* (9,6) – die Tochter des Konsuls Gnaeus Iulius Agricola heiratet. Er schlägt die Ämterlaufbahn ein und ist – unter verschiedenen Kaisern – u. a. 88 n. Chr. Prätor (und zu der Zeit auch Mitglied des Priesterkollegiums der *Quindecemviri sacris faciundis*), 97 n. Chr. (Ersatz-)Konsul und vermutlich in den Jahren 112 und 113 n. Chr. Prokonsul der Provinz Asia; Letzteres bezeugt eine Inschrift, die im 19. Jh. bei Mylasa in Karien (in der heutigen Türkei) entdeckt wurde.[9]

6 Aus gegebenen Gründen kann auf keine besonders detaillierte Biographie verwiesen werden, jedoch auf Literatur, die einige weitere (oft auf Grund der schlechten Quellenlage nicht vollständig geklärte) Details zu Tacitus' Leben anführt und auf der die vorliegende Zusammenfassung basiert: etwa Syme (1958 I), Perl (1990, 11 f.), Rives (1999, 42–48), Schmal (2005, 11–21), Suerbaum (2015, 12–23). Eine umfangreiche Analyse aller Quellen zu Tacitus' Leben bietet Birley 2000.

7 Im sog. *Codex Mediceus* I, in welchem die ersten sechs Bücher von Tacitus' Werk *Annales* überliefert sind, lautet er z. B. „Publius".

8 Zum Briefwechsel zwischen Plinius d. J. und Tacitus siehe Whitton 2012 (erhalten sind übrigens nur die Briefe des Plinius).

9 OGIS 487.

Werke[10]

Tacitus ist der Verfasser folgender Werke:
Agricola (De vita et moribus Iulii Agricolae)
Germania (De origine et situ Germanorum liber)
Dialogus de oratoribus
Historiae
Annales (Ab excessu divi Augusti)

Etwa um die Zeit seines Konsulats begann Tacitus mit dem Schreiben und veröffentlichte als erstes Werk, wohl um 98 n. Chr., eine biographische Schrift über seinen Schwiegervater, den Konsul Iulius Agricola, der Statthalter von Britannien gewesen und 93 gestorben war, mit einem geographischen Exkurs zu eben dieser römischen Provinz. Warum er erst so spät mit seiner Publikationstätigkeit beginnt, liegt wohl daran, dass es unter einem Kaiser wie Domitian[11] stets Konsequenzen nach sich zog, wenn sich Schriftsteller kritisch zum Zeitgeschehen äußerten (vgl. auch *Agricola* 2,1–2); erst jetzt, so schreibt Tacitus selbst, könne er die *memoriam prioris servitutis,* die Erinnerung an die frühere Knechtschaft darlegen (*Agricola* 3,3). Wahrscheinlich ebenfalls im Jahr 98 n. Chr. erschien die *Germania* (dazu gleich mehr) und um 107 der *Dialogus de oratoribus* (Thema ist Verfall der römischen Beredsamkeit); diese beiden Werke werden mit dem *Agricola* zu den sog. *Opera minora,* den weniger umfangreichen Schriften des Tacitus gezählt. Neben seiner politischen Tätigkeit verfasste er auch seine beiden größeren Werke, die *Historiae* und die *Annales,* die jedoch unvollständig überliefert sind: Erstere widmen sich der Geschichte des Römischen Reiches von Galba bis Domitian, also der Epoche des flavischen Kaiserhauses (69–96 n. Chr.) und somit einer Zeit, die Tacitus selbst erlebt hat,[12] und wurden um 110 n. Chr. fertiggestellt (vgl. dazu auch Plinius, *Epistulae* 6,16,6); die *Annales* beschäftigen sich, anders als im Agricola (3,3) angekündigt, nicht mit der gegenwärtigen Zeit, sondern mit der Geschichte des Römischen Reiches vom Tod des Augustus bis Nero, also der Zeit der julisch-claudischen Dynastie (14–68 n. Chr.), und wurden vermutlich um 117 n. Chr. abgeschlossen, falls Tacitus nicht bis zu seinem Tod daran schrieb.

10 Im Folgenden soll, auf der Grundlage von Flaig 2001, Schmal 2005, 22–7, und den Artikeln von Sailor, Rutledge, Master und Benario (alle in Pagan 2012, 23–121), ein kurzer Überblick über das Gesamtwerk des Tacitus gegeben werden. Weitere Literatur zu den einzelnen Werken etwa: Syme 1958, Beck 1998, Woodman 2009, 47–143, Mellor 2011.

11 „Domitian is the clear villain of the work", so Sailor 2012, 26, über die Rolle, die dieser Kaiser im *Agricola* spielt.

12 Und die er im Werk selbst folgendermaßen charakterisiert: *Opus adgredior opimum casibus, atrox proeliis, discors seditionibus, ipsa etiam pace saevum* (*Historiae* 1.2.1; „Ich mache mich an ein Werk, das reich an Katastrophen ist, schrecklich auf Grund der Schlachten, zerrissen auf Grund der politischen Zerwürfnisse, selbst im Frieden noch grausam.").

Die *Germania*

Die Protagonist_innen[13]

Zur Zeit des Tacitus blickt man auf eine Reihe von kriegerischen Konflikten mit germanischen Stämmen zurück, beginnend mit den Schlachten gegen Kimbern, Teutonen und Ambronen (113–101 v. Chr.), über Caesar, der germanische Stämme unter der Führung des Ariovist besiegte und den Rhein als Grenze zwischen gallischen und germanischen Stammesgebieten festlegte, die Augusteischen Germanenkriege zwischen 12 v. Chr. und 16 n. Chr.,[14] den Bataveraufstand 69–70 n. Chr. bis hin zu Domitian, der gegen die Chatten kämpfte und 85 n. Chr. links des Rheins die Provinzen *Germania inferior* (mit dem Zentrum *Colonia Agrippina,* dem heutigen Köln) und *Germania superior* (mit dem Zentrum *Mogontiacum,* dem heutigen Mainz) einrichtete.[15] „So lange wird Germanien schon besiegt", meint Tacitus in Kap. 27 der *Germania* Kap. 37 deshalb ironisch.

Die germanischen Stämme, die Tacitus hier in den Blick nimmt, sind jedoch jene, die noch nicht von den Römern erobert worden waren, also jene rechts des Rhein bis hin zur Weichsel (d. h. die Bewohner_innen der *Germania libera* – obwohl der Autor zu Beginn seines Werkes von *Germania omnis* spricht). Er bezeichnet die Angehörigen dieser Stämme als *Germani* und ihr geographisches Verbreitungsgebiet als *Germania.*[16] Mit der Bezeichnung *Germania* entwirft Tacitus einen geschlossenen geographisch-ethnisch-kulturellen Raum, den es aber nicht gab, ebenso wie der Begriff *Germani* eine Einheit suggeriert, als welche sich die verschiedenen Stämme jedoch nicht sahen.[17]

13 Es soll lediglich an dieser Stelle gender-gerecht formuliert werden, und zwar um darauf hinzuweisen, dass in der *Germania* auch Lebensweise und Aktivitäten von Frauen beschrieben werden. Ansonsten wird das generische Maskulinum verwendet, was die Lektüre besonders bei der Nennung der verschiedensten Völkernamen in Überschriften und Kommentaren erleichtern soll.

14 Hier sind Drusus und Tiberius zu nennen, die in den Jahren zwischen 12 und 8 v. Chr. Feldzüge östlich des Rheins übernahmen, weiters die Schlacht im Teutoburger Wald im Jahr 9 n. Chr., welche die Römer gegen Arminius und seine Truppen verloren, und Germanicus, nach dessen Feldzügen in den Jahren 14–16 n. Chr. man sich darauf verlegte, die Grenzen gegen die Germanen zu sichern, statt weiteres Gebiet zu erobern.

15 Zu den Beziehungen und Auseinandersetzungen zwischen Römern und Germanen siehe z. B. Riemers 2006, Wolters ^{6}2011, Lehmann 2011, Fischer 2020.

16 Wenn hier und im Folgenden nun die Rede von „Germanien" und den „Germanen" ist, sind diese Begriffe jeweils unter Anführungszeichen zu denken.

17 Vgl. Perl 1990, 17 f. Eine ähnliche Ansicht finden wir schon bei Caesar, z. B. im *Bellum Gallicum* 1,31,10 (vgl. Perl 1990, 18), der laut Krebs, 2012, 40, „[d]ie Germanen als ein einziges Volk, das in Germanien lebte," erfand; in diesem Sinn spricht Lund 1998, 87 f., bei den Bezeichnungen *Kelten* und *Germanen* von „pseudoethnischen Kategorien". Zu den frühen Germanen siehe Lund 1998; hilfreiche Informationen zur Archäologie der „Germanen" bieten Fischer 1991 sowie der Katalog zur Sonderausstellung des Museums für Vor- und Frühgeschichte der Staatlichen Museen zu Berlin (18.09.2020 bis 14.03.2021).

Datierung

Als *terminus post quem* der Entstehung der *Germania,* für die uns kein Originaltitel bekannt ist,[18] gilt das Jahr 98 n. Chr., zu dessen Beginn Traian sein zweites Konsulat antrat. Diesen zeitlichen Anhaltspunkt für eine Entstehung des Werkes liefert uns eine Stelle in 37,2.[19] Während man in der Forschung dieses Jahr gemeinhin als Entstehungsjahr anführt, wäre es jedoch auch möglich, dass Tacitus die *Germania* erst in den darauffolgenden Jahren veröffentlicht hat.[20]

Aufbau und Inhalt der Germania

Die *Germania* gliedert sich in einen allgemeinen und einen besonderen Teil. In den Kapiteln 1–27 werden u. a. die geographische Lage, das Klima und die Rohstoffvorkommen Germaniens sowie die „unvermischte" Autochthonität, also Ureinwohnerschaft, das Aussehen, die politische und die religiöse Organisation, das Sozialverhalten und der Lebensstil der Germanen im Allgemeinen behandelt; dies entspricht ganz den damaligen ethnographischen Gepflogenheiten.[21] In der zweiten Hälfte des Werkes, in den Kapiteln 28–46, geht Tacitus auf einzelne Stämme, z. B. die Chatten, die Cherusker und die Sueben, näher ein.

Die Kapiteleinteilung hat Janus Gruter in seiner Ausgabe von 1607 eingeführt, die Paragraphenzahlen stammen von Erich Koestermann;[22] Ansätze zu einer sinngemäßen Gliederung gibt es allerdings bereits in einigen Handschriften.[23] Bei der Verknüpfung der einzelnen Themen (die später zu Kapiteln werden) geht Tacitus, wie es für die antike Ethnographie üblich ist, assoziativ vor, wodurch auch die Übergänge mitunter fließend sind.[24]

Tacitus als Historiograph

Die antike Geschichtsschreibung konnte – wie auch die moderne z. T. – parteiisch, patriotisch, paränetisch, psychologisierend, moralisierend, legitimierend und/oder apologetisch sein. Dies konnte dazu führen, dass die Darstellung oft sehr subjektiv ausfiel oder gar bewusst verfälscht wurde. Faktizität war nicht unbedingt eine Voraussetzung für Historizität, und auch der Mythos hatte seinen Platz, gleichsam als mögliche Wirklichkeit. Die antiken Geschichtsschreiber bezogen auch die Gegenwart mit ein und interessierten sich für Geographie und Ethnographie. Bedeutende Unterschiede zur modernen Historiographie sind, dass die antiken Geschichts-

---

18 Der sog. Codex Hersfeldensis überliefert als Titel *De situ et moribus Germanorum* (zum Titel der Germania siehe ausführlicher Timpe 1992, 260–262).

19 *Ex quo si ad alterum imperatoris Traiani consulatum computemus, ducenti ferme et decem anni colliguntur: Tam diu Germania vincitur.*

20 Siehe z. B. Beck 1998, 72–102, Städele ^{2}2001, 198–200, Rives 2012, 46.

21 Vgl. Thomas 2009, 61.

22 Siehe dessen Ausgabe von 1970.

23 Vgl. Perl 1990, 29.

24 Krebs 2012, 42, spricht deshalb zu recht von der *Germania* als einer „vorzüglich gewebte[n] Erzählung".

schreiber oft literarische Ambitionen hatten, hingegen auf eine systematische Quellenforschung verzichteten; zudem fehlte ihnen ein historisches Bewusstsein.[25]

Diesen Traditionen folgt auch Tacitus,[26] dessen politische Haltung sich ebenfalls in seinen Geschichtswerken spiegelt: Er ist republikanisch gesinnt und lehnt daher den Prinzipat ab, welcher die senatorische Freiheit weitgehend einschränkt, sieht aber, dass eine freie *res publica* nicht wiederherstellbar ist.[27] Möglicherweise konnte ihn die Herrschaft des Traian (98–117 n. Chr.) davon überzeugen, dass eine gute Staatsführung auch monarchisch möglich ist (vgl. *Agricola* 3, 1).[28]

Der Politiker Tacitus verdankt seine Erfolge wohl zum Teil auch seiner Auseinandersetzung mit Rhetorik in Theorie und Praxis; dieses Wissen nützt nun auch dem Historiker Tacitus. Es geht ihm nicht darum, Fake News zu verbreiten, sondern er wählt die Informationen, die ihm zugänglich sind und die ihm zuverlässig erscheinen, gezielt aus und interpretiert sie so, dass sie seine Theorien (oft nur scheinbar) belegen.[29] Er manipuliert seine Leser_innen und führt sie zu bestimmten Urteilen, ohne sie selbst aussprechen zu müssen.[30] Tacitus ist also, wie Suerbaum es auf den Punkt bringt, ein „skeptischer Historiker, aber ein suggestiver Literat".[31] Wenn Tacitus in den *Annales* (1,13) also behauptet, er wolle *sine ira et studio* („ohne Zorn und Eifer") schreiben, dann meint er damit nicht, dass er objektiv und rein sachlich vorgehen wolle, sondern lediglich, dass er sich – anders als seine Vorgänger – nicht von persönlicher Sympathie oder Antipathie gegenüber den Personen, vor allem den Kaisern, über die er schreibt, leiten lasse.[32]

Die Germania als historiographisch-literarisches Werk

Wie sieht es nun mit den verwendeten Quellen und der Glaubwürdigkeit des Tacitus als Autor der *Germania* aus?

Bei diesem Werk handelt es sich um eine ethnographische Monographie, d. h. um eine Darstellung, die sich auf ein einzelnes Thema konzentriert, in diesem Fall auf die Beschreibung einer fremden Ethnie.[33] Das Besondere an der *Germania* ist, dass sie das einzige aus der Antike erhaltene Beispiel dieses Genres ist, andere Werke, die man zumindest formell mit der *Germania* hätte vergleichen können, gingen jedoch verloren, wie etwa Senecas *De situ Indiae*. Was wir aber erhalten haben, sind eth-

25 Zur antiken Historiographie siehe z. B. Mehl 2001, Marincola 2007, Heldmann 2012.

26 Zu Tacitus als Historiker siehe u. a. Mellor 1993 und Suerbaum 2015.

27 Mehr dazu z. B. bei Shotter 1991, Oakley 2009a und Geisthardt 2015.

28 Zum Verhältnis des Tacitus zu Traian siehe etwa Suerbaum 2015, 547–567.

29 Zum Umgang des Tacitus mit seinen Quellen siehe z. B. Suerbaum 2015, 249–312.

30 Vgl. hierzu etwa Schmal 2005, 115–119, sowie Mellor 1993, 44–46. Laut Krebs 2005, 38, ist die *Germania* „insofern [...] eine Schrift rhetorischen Charakters, als das in ihr dargebotene, zu einem kunstvollen Aufbau arrangierte und stilistisch nicht zuletzt durch die Sentenzen aufpolierte Material *überzeugen* soll" (Kursivsetzung durch den Autor).

31 Suerbaum 2015, 5.

32 Vgl. Mellor 1993, 35 f., und Heldmann 2011, 12.

33 Zur antiken Ethnographie siehe z. B. Timpe 1986, Lund 1990, Müller 1997, Petermann 2004, Almagor 2013. Zur Germania als ethnographische Schrift siehe z. B. Lund 1991a, vor allem 1858–1870.

nographische Exkurse im Kontext z. B. historiographischer Werke (etwa den Britannien-Exkurs in Caesars *Bellum Gallicum* 5,12–14) und die einschlägigen Informationen in Tacitus' *Agricola*.

Man darf sich Tacitus nicht als modernen Ethnologen[34] vorstellen, der eine Zeitlang bei oder mit dem von ihm erforschten Volk gelebt hat und Beobachtungen aus erster Hand verarbeiten kann.[35] Vielmehr stützt er sich auf schriftliche Quellen wie etwa Caesars Germanenexkurs in dessen *Bellum Gallicum* 6,21–28, vielleicht auch auf die nicht mehr erhaltenen *Bella Germaniae* Plinius' d. Ä., die entsprechenden Passagen bei Livius (wohl in Buch 104) oder andere nicht mehr erhaltene Geschichtswerke. Dass Tacitus eine Karte verwendet hat, wäre ebenfalls plausibel.[36] Er erhält des Weiteren Informationen von Augenzeugen wie Kaufleuten und Militärs, die mit den germanischen Nachbarstämmen zu tun hatten, von germanischen Sklaven und Geiseln, die nach Rom gebracht worden waren, und er verwendet Senatsakten.[37] Seine Quellenverweise sind hierbei sehr vage: *memorant* (3,1), *accepimus* (27,2), *narratur* (33,1) heißt es etwa. Oft bietet er den Leser_innen mehrere Erklärungsversuche zur Auswahl, manchmal bezieht er selbst Stellung, andere Male hält er sich zurück, teils formuliert er seine Meinung zurückhalten, teils dezidiert.[38]

Auch wenn sich vieles von dem, das Tacitus in seiner Schrift beschreibt, nachweisen lässt,[39] kann die *Germania* trotzdem nicht als verlässliche historiographische Quelle gesehen werden:[40] Tacitus lenkt die Leser_innen in seinem Sinne, er erstellt auch nicht eine umfassende Beschreibung der germanischen Völker, sondern nimmt eine subjektive Themenwahl vor,[41] und er schaut als Römer auf die Germanen_innen, wie es für die antike Ethnographie typisch ist: Die Folie für seine Darstellung bildet meist die römische Kultur, an deren Maßstäben er – unausgesprochen – die Germa-

34 Tacitus war überhaupt kein Ethnologe, wie Krebs 2005, 35, betont, sondern er war „Redner, Geschichtsschreiber, Politiker".

35 Wie Perl 1990, 38, zeigt, deutet auch in der Germania selbst nichts darauf hin. Audano 2020, XXIIIf., hingegen schließt es nicht aus, dass Tacitus sich in Germanien oder zumindest in angrenzenden Gebieten aufgehalten hätte.

36 Siehe Perl 1990, 41, Anm. 110 (dagegen Rives 1999, 228). Hier ist anzumerken, dass die Verwendung von Karten weniger üblich war als heute.

37 Zur Quellenlage siehe z. B. Perl 1990, 38–42, Rives 1999, 35–41.

38 Siehe Perl 1990, 44 f.

39 Archäolog_innen und Historiker_innen interessieren sich mitunter weiterhin für die Qualität der *Germania* als historischer Quelle. Was das philologische Interesse an der *Germania* betrifft, ist hier anzumerken, dass Eduard Norden einer der ersten Gelehrten ist, die diese Schrift, nicht, wie es im 19. und frühen 20. Jh. üblich war, als geschichtliche Quelle betrachteten, sondern als literarisches Produkt innerhalb der griechisch-römischen Tradition der Ethnographie untersuchte (Rives 2012, 49 f.).

40 Vgl. Lund 1991a, 1951–54.

41 Dabei führt er Realien laut Perl 1990, 43, nur an, wenn „sie in sein Konzept passen, die kriegerische und moralische Tüchtigkeit der Germanen als politisch-historischen Faktor darzulegen".

nen misst.[42] So wie wir heute manchmal einerseits romantisch verklärend,[43] andererseits herablassend auf „ursprüngliche" und naturnah lebende Ethnien blicken, kann man sich auch Tacitus' Attitüde beim Abfassen seiner Schrift vorstellen, wenn er z. B. etliche ethnographische Topoi bedient, etwa das Klischee von den Barbaren als „edle Wilde".[44] Hier schließt Tacitus an den „Evolutionismus" der griechisch-römischen Ethnographie an, der andere Völker auf einer evolutionären Skala, die an eine proportionale kulturelle Entwicklung gekoppelt gedacht ist, tiefer ansiedelt.[45] Perl verweist bei dieser Bezugnahme auf Rom auf zwei verschiedene Perspektiven: Sie soll zum Ausdruck bringen, dass die germanischen Verhältnisse von den gegenwärtigen römischen abweichen (z. B. mit deren aktuell herrschendem Verlust moralischer Werte), jedoch mit den ethischen Prinzipien der römischen Gesellschaft früherer Epochen zu vergleichen seien.[46] Damit streicht Tacitus die („nicht-synchrone") Ähnlichkeit zwischen Römern und Germanen hervor, oft auch mit Hilfe der *Interpretatio Romana,* die er verwendet, um das, „was er beschreibt, in die römische Sprache und Kultur" zu übersetzen[47] (z. B. wenn er auf, vielfach nur vermeintliche, Entsprechungen bei Gebräuchen verweist, etwa bei der Benennung von germanischen Götter mit den Namen römischer). Tacitus führt aber auch „permanente" Gegensätze an, etwa die mangelnde Selbstkontrolle der Germanen, z. B. in Bezug auf den Alkoholgenuss, oder ihre Verachtung für die Landwirtschaft, welche von den Römern hingegen stets als Symbol ihrer früheren Einfachheit und Bescheidenheit hochgehalten wurde.[48]

Aus der *Germania* erfahren wir also weniger über die Vorstellungen der Germanen als vielmehr über die Vorstellung, die sich ein Römer von den Germanen gemacht hat.[49]

Intentio auctoris

Die Frage nach der Absicht des Tacitus beim Verfassen der *Germania* kann bis heute nicht beantwortet werden, auch wenn es zahlreiche Theorien dazu gibt. Weder gibt Tacitus über seine Intention, etwa in einem Vorwort wie im *Agricola,* Auskunft, noch haben wir, wie oben erwähnt, aus der Antike ethnographische Monographien erhalten, die uns im Vergleich Klarheit verschaffen könnten.

42 Perl 1990, 24, meint daher: „Seine [*d. h. des Tacitus*] ‚Germania' enthält implizit zugleich sozusagen auch eine ‚Romania'."

43 Laut Beck 1998, 44 f., will Tacitus allerdings weniger eine Verklärung, als vielmehr eine Korrektur des stilisierten Germanenbildes der Römer vornehmen.

44 Zur Topik in der Germania siehe Bringmann 1989. Zur Idealisierung der Germanen siehe Krebs 2005, 81–110.

45 Siehe Schmal 2005, 38.

46 Perl 1990, 25.

47 Lund 1991a, 1864, und Lund 2007.

48 Vgl. auch Rives 2012, 51, der es zugespitzt so formuliert: „to some extent we might even think of *Germania* as like a fun-house hall of mirrors, in which Roman readers were able to see themselves and their values reflected back in a variety of distorted images." (51 f.)

49 Vgl. Perl 1990, 27.

Die inzwischen veraltete Sittenspiegeltheorie etwa meint, dass Tacitus seinen moralisch verderbten römischen Zeitgenossen die Germanen in ihrer edlen *simplicitas,* ihrer Bescheidenheit in vielerlei Hinsicht, ihrer Stärke und ihrem Mut, alles typisch römische *virtutes,* als Vorbild vor Augen stellen wollte. Dagegen spricht natürlich, dass auch ihre negativen Charaktereigenschaften dargestellt werden, wie etwa ihre Disziplinlosigkeit und ihre Suchtanfälligkeit.[50] Syme hingegen betrachtet in seinem Standardwerk zu Tacitus die *Germania* als eine Art vorbereitende Übung für seine späteren umfangreicheren Geschichtswerke.[51] Die Exkurstheorie wiederum besagt, dass Tacitus die *Germania* als Exkurs für die Historien konzipiert habe.[52]

In Betracht gezogen wurde auch, dass das wissenschaftliche Interesse des Autors der treibende Motor gewesen sei. Oder stand doch ein politisches Interesse oder gar Engagement im Vordergrund? Wollte Tacitus herausfinden, warum sich die Germanen derart erfolgreich der Eroberung durch die Römer widersetzt haben?[53] Wollte Tacitus sich als politischer Berater profilieren und Traian, der seit 97 Statthalter der *Germania superior* war und sich auch 98 noch dort aufhielt,[54] davon überzeugen, Krieg gegen die Germanen zu führen?[55] Oder im Gegenteil davon, keinen Krieg gegen sie zu führen? Oder wollte er zumindest ein Dossier zusammenstellen, das Traian das nötige Hintergrundwissen vermitteln sollte, um eine Entscheidung treffen zu können? Gerhard Perl interpretiert in diesem Sinne die *Germania* als „historisch-politische Analyse des Problems Germanien aus der Sicht des Imperium Romanum mit seinem universellen Herrschaftsanspruch",[56] während Jan-Wilhelm Beck in der *Germania* jedenfalls ein „literarisches Produkt" und eine „tagespolitisch aktuelle Schrift" bzw. „Informationsschrift" sieht, als Beitrag zur öffentlichen Diskussion in Rom darüber, was der Kaiser vorhabe.[57]

Keiner dieser Deutungsversuche[58] kann eine endgültige Antwort auf die Frage nach der Intention des Tacitus geben. Für Timpe stellen sie „nur Akzentuierungen dar, die für die Deutung unbrauchbar werden, sobald sie das Ganze erklären sollen".[59]

---

50 Zu Sittenspiegeltheorie etwa Beck 1998, 24 f. Zu den nicht vernachlässigbaren positiven Teilaspekten dieser Theorie siehe Schmal 2005, 40.

51 Syme 1958, 125–129.

52 Zur Exkurstheorie etwa Timpe 1989, 112 f., und Grimal 1990, 129 f.

53 So eine der Theorien, die Rives 2012, 53, präsentiert.

54 Zum Aufenthalt Traians in Germanien siehe u. a. Schallmayer 1999.

55 Vgl. Audano 2020, LXVII–LXXXVI.

56 Perl 1990, 22.

57 Beck 1998, 39 bzw. 52.

58 Sehr brauchbare Übersichten über die verschiedenen Deutungsversuche bieten z. B. Timpe 1989 und Städele [2]2001, 191–194. Eine ausführliche Untersuchung der Frage nach der Absicht des Autors findet sich bei Beck 1998, 9–62.

59 Timpe 1989, 113.

Literarischer Stil und sprachliche Besonderheiten

Tacitus steht auch literarisch in der Tradition der antiken Historiographie – so ist er etwa durch Sallust geprägt, der u. a. durch *brevitas* und die Verwendung von Archaismen gekennzeichnet ist –, jedoch entwickelt er im Laufe seiner schriftstellerischen Karriere einen eigenen, manchmal nicht leicht zugänglichen Stil.[60] Seine Tendenz zum Manierismus, die darin erkennbar ist, wurde von der Nachwelt vielfach kritisiert.[61]

Generell ist Tacitus' Sprache rhetorisch geprägt, womit er im Trend seiner Zeit, der „Silbernen Latinität", liegt, und ein starker Gestaltungswille ist erkennbar. Dies zeigt sich u. a. darin, dass die Wendungen gesucht und oft altertümlich[62] sind, der Wortschatz nicht unbedingt von positiven Emotionen geprägt ist (nach entsprechenden Wörtern, wie etwa „*iucundus, blandus* und *tranquillus*" brauche man laut Schmal bei Tacitus gar nicht erst zu suchen)[63], der Satzbau laufend variiert wird (Stichwort „Inkonzinnität", was bedeutet, dass Parallelismen bewusst gemieden bzw. durchbrochen werden), Ellipsen mitunter dem Leseverständnis entgegen stehen.

Im Folgenden seien nun einige konkrete Beispiele sprachlicher Besonderheiten aus Tacitus' *Germania* aufgelistet:

- Verbum simplex statt compositum: *colere* statt *incolere* (28.4);
- gesuchte Wendungen: *suus honor aut gloria frontis* (5.1; gemeint sind die Hörner der Rinder);
- dichterische Sprache: *tegumen … spina consertum* (17.1; erinnert an eine Stelle in der *Aeneis* 3,594: *consertum tegimen spinis*);[64]
- Bevorzugung von substantivischen Wendungen, oft auch als Hendiadyoin: *nomen et honor* (6.3);
- verkürzte Perfektformen: *defecere* statt *defecerunt* (21.2);
- Inkonzinnität (asymmetrische syntaktische Konstruktion): *nec maior apud Chattos peditum laus quam Tencteris equitum* (32; mit der Wendung *apud* + Akk. korrespondiert der Dativ *Tencteris*);
- Dativus auctoris statt a + Ablativ: *populis urbes habitari* (16.1);
- weiters die Verwendung rhetorischer Stilmittel: Alliterationen, Anaphern, Chiasmen, Parallelismen, Personifikationen u. a., vor allem aber Ellipsen, z. B. die der Kopula *esse*.

---

60 Zur Charakterisierung und Würdigung des Tacitus als Schriftsteller vgl. z. B. Beck, 1998, Perl 1990, 46 f., Mellor 1993, 113–16, Rives 1999, 45–48, Borzsák 1991, Schmal 2005, 88–103, Oakley 2009b. Zu den Stilanleihen bei anderen Autoren und den damit verbundenen intertextuellen Bezügen siehe Audano 2020, LXXXVI–XCIX.

61 Z. B. von Michel de Montaigne (siehe Schmal 2005, 181 f.).

62 Eine archaische Ausdrucksweise zeigt sich allerdings weniger in der *Germania* als in den anderen Werken (vgl. Beck 1998, 41).

63 Schmal 2005, 90.

64 Zu den dichterischen Anklängen in der *Germania* siehe etwa Thomas 2009.

Rezeption

Zwar scheint Tacitus zu Lebzeiten als Schriftsteller sehr hoch angesehen gewesen zu sein, im weiteren Verlauf der Antike werden die Hinweise auf die Lektüre und Verwendung seiner Werke jedoch rar. Hier kann Cassius Dio († um 235) genannt werden, der beim Abfassen seines Werks zur römischen Geschichte auf Tacitus aufbaut; Tertullian († nach 220) ist der einzige, der Tacitus namentlich zitiert.[65] Erst in der Spätantike sind die Belege für eine Beschäftigung mit Tacitus häufiger, z. B. bei Ammianus Marcellinus († um 395 n. Chr.), der bei der Abfassung seiner *Res gestae* auf Tacitus zurückgriff; auch Sidonius Apollinaris († nach 479 n. Chr.) und Hieronymus († 420) kannten das Werk des Tacitus.[66]

Für die *Germania* gibt es im Mittelalter nur einen sicheren Beleg für eine Rezeption: Rudolf von Fulda stützt sich für die Beschreibung der Sachsen in seiner *Translatio Sancti Alexandri* (Kap. 2–3) auf Tacitus' Schrift. Auch ist nur eine einzige Handschrift aus dem Mittelalter bekannt, welche die *Germania* (neben *Agricola* und *Dialogus de oratoribus*) überlieferte, der sog. *Codex Hersfeldensis,* der im 15. Jh. nach Rom kam, abgeschrieben wurde und dann verloren ging.[67] Die heute erhaltenen Handschriften sind ins 15. und 16. Jh. zu datieren; vermutlich im Jahr 1472 erfolgte die erste Drucklegung der Schrift in Bologna.[68]

Bald nach der Entdeckung des Codex zog Enea Silvio Piccolomini, der spätere Papst Pius II., den Text heran,[69] „um ein negatives Bild germanischer Vergangenheit als Zeit heidnischer Barbarei, wovon er sein Bild der christlichen Renaissanceherrlichkeit abhebt“[70] zu entwerfen: Die Römer erst hätten den barbarischen Germanen Kultur vermittelt.[71] Wenn nicht Piccolomini der erste war, „der Tacitus' *Germania* ‚deutsch', als Dokument der Vergangenheit der Deutschen insgesamt, gelesen hat“[72], dann waren es die deutschen Humanisten, allerdings – erwartungsgemäß – unter positiven Vorzeichen, wie etwa Conrad Celtis, Heinrich Bebel, Jakob Wimpfeling u. a.[73] Sie sahen in der *Germania* eine wertvolle Basis für die Ausformung eines deutschen Nationalcharakters, mit der sie ihrem Gefühl kultureller Unterlegenheit gegenüber Italien entgegentraten:[74] Man war, so wollte man jetzt feststellen, schon vor 1500 Jahren ein Volk gewesen, und zwar eines, das selbst von den sich kulturell überlegen fühlenden Römern gewürdigt wurde. Dabei hoben sie natürlich

65 Dabei bezeichnet er ihn allerdings als Lügner: *sane ille mendaciorum loquacissimus* (*Apologeticum* XVI 3).

66 Vgl. Rives 1999, 66 f.

67 Zur Überlieferungsgeschichte siehe z. B. Perl 1990, 50–63, oder, ausführlicher, Römer 1991. Zur Überlieferung der *Germania* speziell im Mittelalter siehe Schuhmann 2003.

68 Siehe Mertens 2004, 59. Dieses sehr frühe Druckjahr lässt auf beträchtliches Interesse an der Schrift schließen.

69 Und zwar für seine Schrift *De ritu, situ, moribus et conditione Germaniae* (1458).

70 Krebs 2005, 120; ausführlicher Mertens 2004, 67–73.

71 Siehe Schmal 2005, 173.

72 Mertens 2004, 64 f.

73 Vgl. Mertens 2004, 81–84.

74 Vgl. Krebs 2005, 112; dazu auch Mertens 2004.

die beschriebenen guten Eigenschaften der germanischen Stämme hervor, und die negativen framten sie positiv (z. B. wurde aus der nicht existierenden staatlichen Ordnung Freiheitsliebe); Celtis ging sogar so weit, dass er die Stelle in Kap. 9 zu den Menschenopfern der Germanen (*humanis quoque hostiis* [„auch Menschenopfer"]) zu einem wenig Sinn ergebenen *huius quoque hostiis* („seine Opfer") ‚verbesserte'.[75] All ihre positiven Charakterqualitäten hätten sich die Germanen nun durch die Jahrhunderte hindurch bewahrt. Eine entgegengesetzte Position dazu vertrat etwa Beatus Rhenanus, der in seinen Werken[76] betonte, dass das Germanien des Tacitus nicht dem zeitgenössischen Deutschland entspräche.[77]

Bald wurde es in deutschen und italienischen Gelehrtenkreisen wieder ruhig um die *Germania*. Im 17. und 18. Jahrhundert sind Formen der Rezeption in Frankreich nachweisbar, etwa bei Montesquieu.[78]

Waren erste Ansätze für die Ausprägung eines deutschen Nationalbewusstseins bereits im 16. Jh. zu erkennen, kommt es jedoch erst im 19. Jh., zur Zeit der Romantik, zu einer Weiterentwicklung dieser nationalen Idee, etwa mit Johann Gottlieb Fichte.[79]

Eine sehr intensive Form der Rezeption erfuhr die *Germania* zur Zeit des Nationalsozialismus,[80] auch wenn es zu dieser Zeit bereits kritische philologische Betrachtungen der Schrift gegeben hatte.[81]

Manfred Fuhrmann verweist in diesem Zusammenhang zu Recht darauf, wie wichtig es sei, zum Studium der *Germania* auch deren Wirkungsgeschichte zu vermitteln. Denn nicht nur ein Missbrauch für bestimmte Zwecke, sondern auch gründliches Missverstehen der *Germania* ist bei einer unreflektierten Lektüre möglich, wie etwa die Herangehensweise Heinrich Bölls beweist, dem „gewiß nichts ferner [lag], als irgendwelches Argumentieren im Sinne einstiger deutscher Nationalisten", wenn er 1979 in einem Artikel für *Die Zeit* die damaligen Germanen mit den heutigen Deutschen gleichsetzt.[82]

75 Krebs 2012, 122.

76 *Commentariolus* (1519) und *Rerum Germanicarum libri tres* (1531). Mehr dazu bei Hirstein 1995.

77 Zur *Germania* bei den deutschen und den italienischen Humanisten siehe ausführlicher Mertens 2004 und Krebs 2005, zur *Germania* vor dem 19. Jh. z. B. Muhlack 1989.

78 Vgl. Krebs 2012, 178–184.

79 Vgl. Krebs 2012, 209–212.

80 Auf „völkischen Leselisten" stand die *Germania* aber schon im 19. Jh. (siehe Krebs 2012, 241).

81 Siehe dazu oben im Vorwort (S. 10 f.), vor allem aber Lund 1995 und Krebs 2012, 245–281. – Zur Rezeption der *Germania* generell siehe z. B. Krebs 2012 und Audano 2020, XCIX–CLI. Zur Wirkungsgeschichte der Taciteischen Werke insgesamt siehe u. a. Mellor 1993, 137–162.

82 1989, 182 f. Rives 2012, 44, verwendet übrigens statt des englischen Begriffs *Germans* die lateinische Bezeichnung *Germani* für die Protagonisten von Tacitus' Schrift, um auch dadurch klar zu machen, dass es sich bei einer Gleichsetzung beider um ein ideologisches Konstrukt handelt.

Text und Kommentar

Dem Kommentar zur *Germania* des Tacitus wird ein Lesetext ohne Apparat beigestellt, der auf den immer noch maßgeblichen Ausgaben von Önnerfors (1983) und Winterbottom/Ogilvie (1975) basiert; bei der Erstellung des Textes wurde auch jene von Koestermann (^{3}1970) herangezogen. Abweichungen von der jüngsten Edition, jener von Önnerfors, wurden am Ende des Textes notiert; nicht berücksichtigt wurden dabei kleinere Varianten, die keine Bedeutungsänderung bewirken, wie etwa solche in der Orthographie und der Interpunktion.

Die im Text bzw. in der Liste der Änderungen gegenüber der Ausgabe von Önnerfors (S. 71) verwendeten textkritischen Zeichen entsprechen jenen, die auch sonst in textkritischen Editionen zu finden sind:

⟨...⟩ Text, der nicht überliefert, aber nach Meinung der Herausgeberin oder des Herausgebers notwendig ist, wird zwischen spitze Klammern gesetzt.

[...] Text, der nach Meinung der Herausgeberin oder des Herausgebers falsch überliefert ist, wird zwischen eckige Klammern gesetzt und bei der Übersetzung ignoriert.

†...† *cruces* zeigen an, dass der überlieferte Text nicht korrekt sein kann, es aber bisher keine geeignete Konjektur für diese Stelle gibt.

Corneli Taciti de origine et situ Germanorum liber

Teil 1: Kapitel 1–27: Land und Leute im Allgemeinen

Kapitel 1–5: Geographische Lage Germaniens und Geschichte der Germanen

Kapitel 1: Lage und Grenzen Germaniens

Germania omnis a Gallis Raetisque et Pannoniis Rheno et Danuvio fluminibus, a Sarmatis Dacisque mutuo metu aut montibus separatur; cetera Oceanus ambit, latos sinus et insularum immensa spatia complectens, nuper cognitis quibusdam gentibus ac regibus, quos bellum aperuit. (2) Rhenus, Raeticarum Alpium inaccesso ac praecipiti vertice ortus, modico flexu in occidentem ver-

---

Nach einer groben Skizzierung der Abgrenzung Germaniens von anderen Völkern durch geophysische Grenzen wie Gewässer und Gebirge (sowie mutuo metu – wechselseitige Angst) in Kapitel 1 führt Tacitus die These an, dass die Germanen nie eine Vermischung mit anderen Ethnien erfahren hätten – denn wer hätte denn freiwillig seine Heimat verlassen und den gefährlichen Weg in ein (aus römischer Sicht) unattraktives Gebiet wie das Germaniens auf sich genommen? Ihre Abkunft würden die Germanen von einem Göttersohn namens Mannus herleiten und ihre Bezeichnung sei neueren Ursprungs (Kap. 2). In den darauf folgenden drei Kapiteln erwähnt Tacitus die sagenhaften Besuche von Herkules und Odysseus, beschreibt weiters den barditus, eine besondere Art Schlachtlied, das Aussehen der Germanen (blaue Augen, rötlichblondes Haar, hochgewachsen) und ihre Konstitution (Durst und Hitze ertragen sie kaum, wohl aber Kälte und Hunger), das vorherrschende Klima, Bodenbeschaffenheit und -erträge, die recht unansehnlichen Tiere, die sie halten, ihre Geringschätzung von Gold und Silber und den Tauschhandel, der nur dort vom Geldverkehr abgelöst wird, wo sie mit dem Imperium Romanum in wirtschaftlichem Austausch stehen.

1.1 **Germania:** Tacitus lässt in seinem Werk die beiden römischen Provinzen *Germania superior* und *Germania inferior* außen vor und konzentriert sich auf das Gebiet des „freien“ Germaniens östlich des Rheins (vgl. Lund 1988, 108). Die Formulierung *Germania omnis* erinnert an den Beginn von Caesars *Bellum Gallicum (Gallia omnis)*. – **Raetisque:** Die Räter *(Raetii)* waren die Bewohner_innen der römischen Provinz Rätien, die Teile der heutigen Ostschweiz, Westösterreichs und Bayerns umfasst. – **Pannoniis:** Die Pannonier *(Pannonii)* waren die Bewohner_innen der römischen Provinz Pannonien, die u. a. dem Westen des heutigen Ungarn sowie Teilen der Steiermark und Sloweniens entspricht. – **Sarmatis:** Die Sarmaten *(Sarmatae)* waren eine Gruppe von Stämmen, die u. a. im Gebiet der heutigen Ukraine lebten. – **Dacisque:** Die Daker *(Daci)* siedelten im Gebiet des heutigen Rumänien. – **mutuo metu aut montibus separatur:** Bei dieser Formulierung handelt es sich um eine rhetorische Figur, nämlich um ein Zeugma, bei dem ein Wort – meist das Prädikat – mit zwei Satzgliedern verbunden wird, syntaktisch bzw. semantisch jedoch nur zu einem davon oder zu jedem in verschiedenem Sinne passt (vgl. Landfester 1997, 136). – **montibus:** die Karpathen. – **cetera:** Zu ergänzen ist *loca*. – **Oceanus:** Nord- und Ostsee. – **latos sinus et insularum immensa spatia:** u. a. Jütland, die dänischen Inseln und Südschweden (Mariotti 1981, 190); *insularum ... spatia:* Die Hauptinformation eines Ausdrucks in das Genetivattribut zu legen, ist charakteristisch für Tacitus. – **nuper ... regibus:** Hier wird vermutlich auf einen Feldzug des Tiberius im Jahr 5 n. Chr. angespielt, wobei

sus septentrionali Oceano miscetur. Danuvius, molli et clementer edito montis Abnobae iugo effusus, pluris populos adit, donec in Ponticum mare sex meatibus erumpat; septimum os paludibus hauritur.

Kapitel 2: Ursprung und Name der Germanen

Ipsos Germanos indigenas crediderim minimeque aliarum gentium adventibus et hospitiis mixtos, quia nec terra olim, sed classibus advehebantur, qui mutare sedes quaerebant, et immensus ultra utque sic dixerim adversus Oceanus raris ab orbe nostro navibus aditur. Quis porro, praeter periculum horridi et ignoti maris, Asia aut Africa aut Italia relicta Germaniam peteret, informem terris, asperam caelo, tristem cultu aspectuque, nisi si patria sit?

(2) Celebrant carminibus antiquis, quod unum apud illos memoriae et annalium genus est, Tuistonem deum terra editum. Ei filium Mannum, originem gentis conditoremque, Manno tris filios assignant, e quorum nominibus proximi Oceano Ingaevones, medii Herminones, ceteri Istaevones vocentur. Quidam, ut in licentia vetustatis, pluris deo ortos plurisque gentis appellationes, Marsos Gambrivios Suebos Vandilios, affirmant, eaque vera et antiqua

---

nuper auch länger vergangene Zeiten meinen kann (vgl. Lund 1988, 109, und Rives 1999, 103). – **bellum:** rhetorisches Stilmittel der Personifikation. Zu den Vermutungen bezüglich des historischen Hintergrundes siehe Perl 1990, 128 f. und Rives 1999, 103.

1.2 **modico flexu:** Tacitus liefert hier eine ungenaue Beschreibung des Rheinverlaufs. – **montis Abnobae:** der Schwarzwald. – **pluris:** = *plures* (Akk. Pl.). – **adit:** Personifikation der Donau. – **donec:** Bei Tacitus gern mit Konj. verbunden, ohne Bedeutungsunterschied zum Indik. (vgl. Lund 1997, 110). – **Ponticum mare:** das Schwarze Meer. – **septimum os:** Die Angaben antiker Autoren über die Zahl der Mündungsarme der Donau unterscheiden sich voneinander (vgl. Schuhmann 2006, 33 f.). Bei der Zahl 7 scheint es sich in diesem Zusammenhang um einen Topos zu handeln. – **hauritur:** *hauriri* könnte hier mit „aufgesogen werden" übersetzt werden (wie z. B. von Städele ²2001, 79).

2.1 **crediderim:** Potentialis der Gegenwart („möchte ich glauben"; Menge ²2005, § 116). – **indigenas ... mixtos:** Zu ergänzen ist *esse; indigena* wird nach der a-Deklination flektiert, zeigt aber ein Masculinum an. Die „Vermischung" von Ethnien wurde u. a. auch von Tacitus als etwas Negatives angesehen, wie sich auch in Kap. 4 erkennen lässt. – **terra ... classibus advehebantur:** Zeugma (siehe dazu 1.1). – **ultra:** entweder mit „jenseits" zu übersetzen (gemeint ist: „nördlich von Germanien") oder als nähere Bestimmung zu *Oceanus* zu sehen („der unermesslich weit sich ausdehnende Ozean"). – **utque sic dixerim:** Steht für *et ut ita dicam* („sozusagen"). – **adversus:** „auf der anderen Seite (der Erde) liegend". – **raris:** hier als Adverb zu übersetzen („selten"). – **praeter:** hier „abgesehen von". – **Asia ... Africa:** Gemeint sind damit wohl die römischen Provinzen in Kleinasien und in Nordafrika. – **peteret:** Dubitativus der Verg. („wer hätte sollen") oder Irrealis der Geg. („wer würde") (dazu Lund 1997, 112, der für Letzeres plädiert, da sich die Zeitstufe des Hauptsatzes auf die Gegenwart des Verfassers beziehe und daher generell gültig sei). – **terris ... caelo ... cultu aspectuque:** Ablative der Beziehung (Abl. limitationis [Menge ²2005, § 381]), auf die Frage „in welcher Hinsicht gilt etwas?" (Menge ²2005, § 381); es wird eine freiere Übersetzung empfohlen. – **nisi si:** Laut Müllenhoff 1920, 111, wird damit (statt mit schwächerem *nisi* in Alleinstellung) „die Ausnahme als bloß gedacht hingestellt".

nomina. (3) Ceterum Germaniae vocabulum recens et nuper additum, quoniam qui primi Rhenum transgressi Gallos expulerint ac nunc Tungri, tunc Germani vocati sint: ita nationis nomen, non gentis evaluisse paulatim, ut omnes primum a victore ob metum, mox et a se ipsis invento nomine Germani vocarentur.

2.2 **celebrant:** Subjekt sind die Germanen. – **unum ... memoriae et annalium genus:** Gemeint ist hier eine mündliche Überlieferung; von zahlreichen Übersetzern (z. B. Lund 1988, 71) wird der Ausdruck mit „einzige Art geschichtlicher Überlieferung" oder ähnlich wiedergegeben. – **Tuistonem:** Tuisto, eine vermutlich zweigeschlechtliche Urgottheit (mehr dazu bei Rives 1999, 111 f.). – **Mannum:** Der Name *Mannus* dürfte mit dem althochdeutschen Wort *man* (für „Mann", „Mensch") zusammenhängen (vgl. Rives 1999, 112). – **originem:** *origo* hier in der Bedeutung von *auctor.* – **tris:** = *tres.* – **filios:** Zu den Söhnen des Mannus siehe Timpe 1995, 1–59. – **Oceano:** Gemeint ist die Nordsee. – **Ingaevones ... Herminones ... Istaevones:** Ingäwonen ... Herminonen ... Istäwonen. – **vocentur:** Konj. der subjektiven Meinung; kann durch einen Einschub wie „so heißt es" wiedergegeben werden. – **quidam:** Damit sind wohl griechisch-römische Gelehrte, die sich mit der Genealogie der Germanen befasst haben, gemeint. – **ut in licentia vetustatis:** *ut* hat hier kausalen Sinn, sodass folgendermaßen übersetzt werden kann: „wie ja bei lang vergangenen Zeiten eine freie Deutung zulässig ist" (wörtlich: „wie es bei der Freiheit des Altertums der Fall ist"). – **pluris:** = *plures.* – **deo:** Ob damit *Tuisto* oder doch *Mannus* gemeint ist, ist nicht klar (vgl. z. B. Lund 1988, 114, der für *Tuisto* plädiert). – **Marsos Gambrivios Suebos Vandilios:** Marser, Gambrivier, Sueben, Vandilier. – **ortos:** Zu ergänzen ist *esse.* – **plurisque ... appellationes:** hier kann ein „dementsprechend" eingefügt werden. – **ea ... nomina:** Zu ergänzen ist *esse.*

2.3 **Ceterum:** „dagegen" (adversativer Sinn). – **Germaniae:** Gen. explicativus (Menge [2]2005, § 290). – **additum:** Zu ergänzen ist *esse* (AcI in der indir. Rede, die hier bis zum Ende des Kapitels geht [Menge [2]2005, § 477–487 bzw. § 470–472]). – **Tungri:** Tungrer; zu ergänzen ist *vocentur.* – **nationis ... gentis:** Tacitus verwendet *gens, natio, civitas* und *populus* meist ohne Bedeutungsunterschied für die losen Verbände und Siedlungen der germanischen Völker (vgl. Städele [2]2001, 307; dagegen Lund 1988, 40 f.); übersetzt werden können diese Begriffe mit „Stamm", „Stammesgemeinschaft" oder „Volk". Hier ist mit *natio* jedoch laut Lund 1988, 115, „das Gebiet [...], auf welchem eine *gens* lebt" gemeint. – **evaluisse:** *evalescere:* „vorherrschend werden" (Georges „evalesco" II 2) – **a victore:** „vom Sieger"; die hier gewählte Lesart (statt z. B. *a victis*) gibt der Stelle folgende Bedeutung: Die Tungrer waren die ersten gewesen, die den Rhein überquert und die Gallier vertrieben hatten; dem Feind gegenüber verbreiteten sie das Gerücht, dass alle Stämme östlich des Rheins ebenfalls Germanen seien, und zwar, um Angst bei den Galliern zu erzeugen (*ob metum* hat also finalen Sinn); die anderen Stämme östlich des Rheins erkannten den positiven Effekt, der sich mit der Übernahme der Bezeichnung Germanen ergeben würde, und nannten sich nun selbst so (vgl. Benario 1999, 66); *invento* hat in diesem Zusammenhang die Bedeutung „übertragen". Emendiert man den Text stattdessen zu *a victis,* mit denen die Gallier gemeint sind, hätte *ob metum* kausalen Sinn (vgl. Perl 1990, 135 f.); Lund 1988, 116, wiederum favorisiert *ab auctore,* im Sinne von „Erfinder des Namens". – **et:** = *etiam.* – **vocarentur:** der Konj. Imperf. erklärt sich dadurch, dass der Nebensatz von einem Inf. Perf. abhängt, der in dieser Konstruktion als Nebentempus gilt. – Zu dieser insgesamt schwierigen und viel diskutierten Passage, dem sog. „Namenssatz" der Germania, siehe u. a. Timpe 1995, vor allem 84–92.

Kapitel 3: Herkules und Odysseus bei den Germanen

Fuisse apud eos et Herculem memorant, primumque omnium virorum fortium ituri in proelia canunt. Sunt illis haec quoque carmina, quorum relatu, quem barditum vocant, accendunt animos futuraeque pugnae fortunam ipso cantu augurantur: Terrent enim trepidantve, prout sonuit acies, nec tam voces illae quam virtutis concentus videntur. Affectatur praecipue asperitas soni et fractum murmur, obiectis ad os scutis, quo plenior et gravior vox repercussu intumescat. (2) Ceterum et Ulixen quidam opinantur longo illo et fabuloso errore in hunc Oceanum delatum adisse Germaniae terras, Asciburgiumque, quod in ripa Rheni situm hodieque incolitur, ab illo constitutum nominatumque Ἀσκιπύργιον; aram quin etiam Ulixi consecratam, adiecto Laertae patris nomine, eodem loco olim repertam monumentaque et tumulos quosdam Graecis litteris inscriptos in confinio Germaniae Raetiaeque adhuc exstare.

3.1 **et:** = *etiam.* – **Herculem:** Vermutlich kann hier von einer „Interpretatio Romana" gesprochen werden: Die Germanen verehrten einen dem griechisch-römischen Herkules ähnlichen Helden, weshalb Tacitus Herkules' Namen auf den germanischen Heros überträgt (vgl. dazu auch Lukians *Hercules Gallicus* [*Heracles* 1]). Möglich ist aber auch, dass die Römer die von den Germanen verehrte Figur als ihren „eigenen" Herkules identifizierten, der ja laut Mythos sogar bis Gibraltar gekommen sein soll (vgl. Rives 1999, 122 f.). – **memorant:** Subjekt sind wohl wieder griechisch-römische Gelehrte. – **canunt:** Subjektswechsel zu den *Germani.* – **relatu:** *relatus* kann hier mit „Absingen", „Vortrag" o. Ä. übersetzt werden. – **barditum:** Die Herkunft des Wortes ist ungeklärt; zahlreiche Handschriften überliefern es in dieser Form, aber vielleicht hat lediglich ein Schreiber das ursprüngliche Wort (eventuell *baritus,* das man mitunter zu *barritus* [„Elefantengebrüll", „Schlachtgesang"] emendiert hat) in Zusammenhang mit dem keltischen Wort für *Barde* („Sänger und Dichter") gebracht und es durch *barditum* ersetzt (vgl. u. a. Lund 1988, 118 f., der zum Schluss kommt, dass es *barytonum* heißen müsste, womit ein voller und tiefer Klang gemeint ist). In der Übersetzung gibt man das Wort am besten im Nominativ der lateinischen Fassung wieder („barditus"). – **concentus:** Kann hier mit „Zusammenklang" übersetzt werden (wie z. B. von Städele [2]2001, 81). – **murmur:** Kann hier mit „Dröhnen" übersetzt werden (wie z. B. von Städele [2]2001, 81). – **quo:** = *ut eo* („damit ... umso", finaler Sinn).

3.2 **Ulixen:** Hier wird die griechische Form des Akkusativs verwendet; gemeint ist Odysseus; dieser war bekannt als jemand, der weit herumgekommen war, weshalb die Vorstellung, dass es ihn auch nach Germanien verschlagen habe, nach Meinung einiger griechisch-römischen Gelehrter im Bereich des Möglichen lag (dazu auch Solinus 22,1 und 23,6, gemäß dem Odysseus bis nach Schottland gekommen sei und auch Lissabon gegründet habe [vgl. auch Perl 1990, 139 f.]). – **quidam:** manche griechisch-römische Gelehrte (wie in 2.2). – **in hunc Oceanum:** Mit *hunc* bezieht sich Tacitus wohl auf die in den ersten beiden Kapiteln erwähnte Nordsee (vgl. Mariotti 1981, 194). – **Asciburgiumque:** Dabei handelt es sich um das heutige Asberg bei Moers. Die Annahme der genannten Gelehrten, Odysseus habe diesen Ort gegründet, basiert darauf, dass man glaubte, der Name leite sich vom griechischen 'Askipúrgion her, das sich aus ἀskós, griechisch für „Schlauch", und púrgoς, griechisch für „Burg", zusammensetzt – und einen Schlauch hatte Odyseus ja vom Windgott Aiolos mit auf den Weg bekommen (vgl. Lund 1988, 121). – **hodieque:** = *etiam hodie.* – **constitutum nominatumque:** Zu ergänzen ist *esse.* – **quin etiam:** „ja sogar". – **Ulixi:** eher Dat. auctoris („von ihm") als Dativobjekt („ihm"). – **Laertae:** Gen. des Eigennamens Laertes (= Vater des Odysseus). – **aram:** Laut Strabo (3.5) errichteten Reisende öfter Altäre in den Gebieten, in die sie gelangten, sodass es nicht ungewöhnlich gewesen wäre, hätte auch Odysseus einen Altar errichtet, wäre

(3) Quae neque confirmare argumentis neque refellere in animo est: Ex ingenio suo quisque demat vel addat fidem.

Kapitel 4: Aussehen und Konstitution der Germanen

Ipse eorum opinionibus accedo, qui Germaniae populos nullis aliis aliarum nationum conubiis infectos propriam et sinceram et tantum sui similem gentem exstitisse arbitrantur. Unde habitus quoque corporum, tamquam in tanto hominum numero, idem omnibus: truces et caerulei oculi, rutilae comae, magna corpora et tantum ad impetum valida. Laboris atque operum non eadem patientia, minimeque sitim aestumque tolerare, frigora atque inediam caelo solove assueverunt.

---

er in diese Gegend gekommen. Archäologische Nachweise für einen Altar mit Inschriften in griechischen Buchstaben oder sonstige Gebilde dieser Art gibt es für dieses Gebiet jedenfalls keine (zum Thema siehe Rives 1999, 126). – **repertam:** Zu ergänzen ist *esse.* – **monumentaque et tumulos:** Hendiadyoin, das mit „Grabdenkmäler" übersetzt werden kann (wie z. B. von Fuhrmann 1997, 9). – **Graecis litteris:** Es gibt zwar Nachweise für gallische Inschriften in griechischen Buchstaben, nicht aber in jenen nördlicheren Gebieten, die hier behandelt werden (vgl. Mariotti 1981, 194). – **exstare:** „noch vorhandensein").

3.3 **in animo est:** gemeint ist *mihi in animo est.* – **ex ingenio suo:** Kann übersetzt werden mit „nach seinem Gutdünken" (wie z. B. Fuhrmann 1997, 9). – **demat ... addat:** Der Konj. kann entweder als Optativ oder als Iussiv verstanden werden.

4 **populos ... nationum ... gentem:** Diese drei Begriffe sind hier als Synonyme zu verstehen (vgl. Lund 1988, 122 und 40 f.). – **aliis:** alius hat hier wohl die Bedeutung von „verschieden"; *aliis ... conubiis* kann also mit „Mischehen" übersetzt werden. – **infectos:** *inficere* kann „vermischen" bedeuten, aber auch negativ gebraucht werden; so übersetzt etwa Städele [2]2001, 83, „zum Schlechten hin beeinflusst". – **sinceram:** „rein" hier im Sinne von „unvermischt". – **habitus ... corporum:** „Erscheinungsbild". – **tamquam:** Kann hier mit „in Anbetracht" (+ Gen.) übersetzt werden. Dabei handelt es sich um die *lectio difficilior* im Vergleich zu *quamquam,* welches handschriftlich häufiger überliefert ist (dazu Schuhmann 2003 sowie Schuhmann 2006, 123 f.). – **in tanto hominum numero:** Tatsächlich dürfte es sich lediglich um ca. eine bis fünf Millionen German_innen gehandelt haben (vgl. Städele [2]2001, 311, Anm. 163). – **idem omnibus:** Zu ergänzen ist *est.* – **laboris atque operum:** Die Verbindung dieser beiden bedeutungsähnlichen Objektsgenitive kann als Hendiadyoin betrachtet und dementsprechend mit „mühselige Arbeit" übersetzt werden. – **non eadem patientia:** Zu ergänzen ist *iis est* (vgl. dagegen Lund 1988, 124, der *patientia* als Partizip versteht, zu dem *corpora* [*Germanorum*] *sunt* zu ergänzen wäre). – **tolerare:** Ist nach *inediam* zu wiederholen. – **frigora ... assueverunt:** Dieser Satzabschnitt hat adversativen Sinn, was durch Einfügen eines entsprechenden Adverbs (wie etwa „dagegen") sichtbar gemacht werden kann; der Plural *frigora* kann mit „Klima" übersetzt werden. – **caelo solove:** kausale Ablative („durch", „infolge").

Kapitel 5: Beschaffenheit und Erzeugnisse des Landes; Geldverkehr

Terra, etsi aliquanto specie differt, in universum tamen aut silvis horrida aut paludibus foeda, umidior, qua Gallias, ventosior, qua Noricum ac Pannoniam aspicit; satis ferax, frugiferarum arborum impatiens, pecorum fecunda, sed plerumque improcera. Ne armentis quidem suus honor aut gloria frontis: Numero gaudent, eaeque solae et gratissimae opes sunt. (2) Argentum et aurum propitiine an irati di negaverint, dubito. Nec tamen affirmaverim nullam Germaniae venam argentum aurumve gignere: Quis enim scrutatus est? Possessione et usu haud perinde afficiuntur. (3) Est videre apud illos argentea vasa, legatis et principibus eorum muneri data, non in alia vilitate quam quae humo finguntur; quamquam proximi ob usum commerciorum aurum et argentum in pretio habent formasque quasdam nostrae pecuniae agnoscunt atque eligunt. Interiores simplicius et antiquius permutatione mercium utuntur. Pecuniam

---

5.1 **Terra ... frontis:** In den einzelnen (Teil-)Sätzen ist jeweils *est* zu ergänzen. – **aliquanto:** Hierbei handelt es sich um einen Abl. mensurae, der mit „beträchtlich“ übersetzt werden kann. – **specie:** Abl. limitationis (Menge [2]2005, § 381); hier ist damit das Aussehen gemeint. – **in universum:** „im Allgemeinen“. – **qua:** Adv., „wo“. – **Gallias:** Der Plural wurde deshalb gesetzt, weil es sich dabei um mehrere römische Provinzen handelt. – **Noricum:** Dabei handelt es sich um eine römische Provinz, die Teilen des heutigen Österreichs, Bayerns, Tirols und Sloweniens entspricht. – **satis:** Hierbei handelt es sich entweder um das Adverb *satis* („hinreichend“, „recht“) oder um den Abl. von *sata, -orum* („Saaten“), wobei letzteres wahrscheinlicher ist (die Konstruktion würde dabei jener der beiden folgenden Satzelemente entsprechen; dagegen könnte man argumentieren, dass Inkonzinnität für Tacitus' Stil typisch ist). – **impatiens:** mit Genitiv; kann übersetzt werden mit „ungeeignet für“. – **sed ... improcera:** Hier kommt es zu einem Subjektswechsel; zu ergänzen ist *pecora sunt.* – **honor aut gloria frontis:** Die beiden Begriffe können hier entweder als Synonyme angesehen werden („Schmuck oder Zier“; Georges [„gloria“ II A] übersetzt mit „stolzer Stirnschmuck“ – gemeint sind die Hörner der Rinder; vgl. Lund 1988, 126) oder das erstere als „stattliches Aussehen“ und das letztere als „Stirnschmuck“ (wie bei Städele [2]2001, 83). – **opes sunt:** Gemeint ist „für die Germanen“.

5.2 **propitii ... irati:** prädikativ (und nicht attributiv) zu *dii.* – **affirmaverim:** Potentialis der Gegenwart („möchte ich nicht behaupten“; Menge [2]2005, § 116). – **Quis ... est:** Laut Lund 1988, 127, sind damit die Germanen gemeint (denn in Ann. 11,20 erwähnt Tacitus den kurzzeitigen Abbau von Silber durch die Römer in germanischem Gebiet). – **haud perinde:** „nicht besonders“ (Menge/Güthling 2001, „perinde“). Vermutlich handelt es sich hierbei (und in den folgenden Ausführungen) um einen Topos: Die Germanen in ihrer Einfachheit haben nichts für Gold und Silber übrig (Tacitus will hier wohl, wie auch sonst noch öfters, den Gegensatz zu den Römern herausstreichen; vgl. etwa Rives 1999, 133).

probant veterem et diu notam, serratos bigatosque. Argentum quoque magis quam aurum sequuntur, nulla affectione animi, sed quia numerus argenteorum facilior usui est promiscua ac vilia mercantibus.

5.3 **Est videre:** *est* + Inf. kann mit „man kann" übersetzt werden kann (also wie *licet;* vgl. Kühner – Stegmann II,1, 669d). Von *videre* wiederum hängt ein AcI ab: *vasa ... in alia vilitate* (zu ergänzen: *esse;* Menge [2]2005, § 477–487). – **non in alia vilitate:** Kann hier (mit einem zu ergänzenden *esse*) folgendermaßen übersetzt werden: „gleich gering geschätzt werden". – **muneri data:** *muneri* ist ein Dat. finalis (Menge § [2]2005, 332–334); Geschenkgeber sind die Römer. – **quam:** Hier ist *ea* zu ergänzen. – **humo:** Damit ist hier Ton gemeint. – **quamquam:** Hat im Hauptsatz beschränkende Bedeutung: „jedoch", „freilich". – **proximi:** Damit sind die den Römern am nächsten siedelnden Germanen gemeint. – **ob usum commerciorum:** Kann übersetzt werden mit „wegen des Handelsverkehrs". – **in pretio habent:** *In pretio habere* kann hier mit „(wert)schätzen" übersetzt werden. – **eligunt:** *eligere* wird hier in der Bedeutung „bevorzugen" verwendet. – **Interiores:** Hier hängt Tacitus der Kulturdiffusionstheorie der antiken Ethnographie an, die besagt, dass sich die Kultur von Griechenland und Rom aus über andere Länder und Ethnien verbreite, d.h., je weiter entfernt von Rom eine Ethnie angesiedelt sei, desto weniger kulturell entwickelt sei sie (vgl. Krebs 2005, 43). – **serratos bigatosque:** Dabei handelt es sich um zwei verschiedene Arten von Silberdenaren (Georges „serratus" bzw. „bigatus"). – **sequuntur:** *sequi* kann hier mit „trachten nach" übersetzt werden. – **nulla affectione:** Abl. causae (Menge [2]2005, § 379); *affectione animi* kann übersetzt werden mit „aus Vorliebe". – **facilior usui:** „bequemer in der Verwendung".

Kapitel 6–15: Öffentliches Leben in Krieg und Frieden

Kapitel 6: Bewaffnung und Kampftaktiken

Ne ferrum quidem superest, sicut ex genere telorum colligitur. Rari gladiis aut maioribus lanceis utuntur; hastas, vel ipsorum vocabulo frameas, gerunt angusto et brevi ferro, sed ita acri et ad usum habili, ut eodem telo, prout ratio poscit, vel comminus vel eminus pugnent. Et eques quidem scuto frameaque contentus est; pedites et missilia spargunt, pluraque singuli, atque in immensum vibrant, nudi aut sagulo leves. Nulla cultus iactatio; scuta tantum lectissimis coloribus distinguunt. Paucis loricae, vix uni alterive cassis aut galea.

Die Kapitel 6 bis 8 beschreiben das Heerwesen der Germanen: Sie kämpfen mit Speeren und Spießen und schützen sich mit einem Schild, selten jedoch mit einem Panzer; sie kennen weder kunstvollen Prunk bei der Bewaffnung noch schöne und schnelle Pferde. Sie zeichnen sich durch die Leistungskraft des Fußvolkes und strategische Kampfformationen aus. Heerführer und Könige werden nach bestimmten Kriterien ausgewählt: die ersteren auf Grund ihrer Tapferkeit, letztere auf Grund ihrer adeligen Herkunft; ihre Macht ist nicht uneingeschränkt und die Heerführer bewirken mehr durch ihr Vorbild als durch ihr Kommando. Besonders motiviert werden die Germanen bei militärischen Einsätzen einerseits dadurch, dass sie Seite an Seite mit Verwandten kämpfen, und andererseits, weil ihre Familien vor Ort sind: Die Frauen sollen sogar schon manche wankende Schlachtreihe wiederhergestellt haben, etwa indem sie die Männer auf die bevorstehende Gefangenschaft im Falle einer Niederlage hinwiesen. Überhaupt scheint man Frauen zu verehren und ihre Ratschläge ernst zu nehmen. Die Kapitel 9 bis 10 nennen Merkur, Herkules und Mars als Hauptgötter, die bei den Germanen jedoch nicht in Menschengestalt dargestellt werden, und berichten über kultische Praktiken wie das Befragen von Losorakeln und das Einholen von Vorzeichen bei der Vogelschau und beim Beobachten von zu diesem Zweck gehaltenen Pferden sowie bei speziellen Zweikämpfen. Wichtige Angelegenheiten werden in der Volksversammlung besprochen (Kap. 11), bei der auch Anklagen erhoben und Strafen erteilt werden können: Verräter werden aufgehängt, Feiglinge ertränkt man im Sumpf; leichtere Vergehen können durch die Abgabe von Pferden und anderen Tieren gesühnt werden (Kap. 12). In den Kapiteln 13 bis 15 wird die Wehrhaftmachung der jungen Männer beschrieben und dargelegt, welche Vorteile eine große und starke Gefolgschaft sowohl für das Gefolge als auch für die Gefolgsherren bringt, welche Pflichten damit verbunden sind und dass die Mitglieder dieser Kriegerverbände es als attraktiver und ehrenhafter erachten, zu kämpfen als den Acker zu bestellen. Tacitus stellt die Germanen (genauer gesagt, die Mitglieder der Gefolgschaften) hier als sehr unmotiviert im Bereich der Alltagsbewältigung dar: Phasen, in denen sie keine Möglichkeit zu kämpfen haben, verbringen sie mit Jagen oder mit Nichtstun, Schlafen und Essen, während den Frauen und den älteren Familienmitgliedern die Bewältigung der Arbeit im Haus, am Hof und auf dem Feld obliegt.

6.1 **superest:** „ist reichlich vorhanden". – **colligitur:** colligere meint hier „(aus etwas) schließen". – **Rari:** Ist prädikativ und kann mit „nur wenige" übersetzt werden. – **frameas:** Dabei handelt es sich um ein latinisiertes germanisches Wort, eventuell *framjô,* was vermutlich so viel heißt wie „Vorwärtsbringer" (siehe Rives 1999, 138). – **ferro:** Synekdoche (hier wird statt des fertigen Produktes, der Spitze aus Eisen, der dafür verwendete Rohstoff genannt). – **prout ... poscit:** Zu *ratio* ist *pugnandi* zu ergänzen, sodass die Stelle mit „je nach Art des Kampfes" übersetzt werden kann. – **et:** = *etiam.* – **missilia:** Hier sind damit „Wurfspieße" gemeint. – **in immensum:** „sehr weit". – **nudi:** Hier ist wohl gemeint, dass ihr Oberkörper unbedeckt war (und nicht durch einen Brustpanzer geschützt wurde; vgl. Perl 1990 149). – **sagulo leves:** Kann hier mit „leicht bekleidet" übersetzt werden; *sagulum* ist ein Diminutiv von *sagum* („Umwurf", „Mantel") und meint einen kurzen, im Krieg verwendeten Mantel. – **cultus:** Damit ist hier die Ausrüstung gemeint. **iactatio:** +

(2) Equi non forma, non velocitate conspicui. Sed nec variare gyros in morem nostrum docentur: In rectum aut uno flexu dextros agunt ita coniuncto orbe, ut nemo posterior sit. (3) In universum aestimanti plus penes peditem roboris; eoque mixti proeliantur, apta et congruente ad equestrem pugnam velocitate peditum, quos ex omni iuventute delectos ante aciem locant. Definitur et numerus: Centeni ex singulis pagis sunt, idque ipsum inter suos vocantur, et quod primo numerus fuit, iam nomen et honor est. (4) Acies per cuneos componitur. Cedere loco, dummodo rursus instes, consilii quam formidinis arbitrantur. Corpora suorum etiam in dubiis proeliis referunt. Scutum reliquisse praecipuum flagitium, nec aut sacris adesse aut concilium inire ignominioso fas, multique superstites bellorum infamiam laqueo finierunt.

Kapitel 7: Könige, Heerführer und Truppenformation; Anwesenheit der Familie nahe der Schlachtfelder

Reges ex nobilitate, duces ex virtute sumunt. Nec regibus infinita aut libera potestas, et duces exemplo potius quam imperio, si prompti, si conspicui,

---

Gen., „Prahlen mit etwas"; zu ergänzen ist *est.* – **distinguunt:** distinguere kann hier mit „bemalen" übersetzt werden. – **cassis aut galea:** Die *cassis* ist ein Helm aus Metall, während es sich bei der *galea* um einen Helm aus Leder handelt.

6.2 **Equi … conspicui:** Zu ergänzen ist *sunt.* – **Sed nec:** „aber … auch nicht". – **variare gyros:** „unterschiedliche kreisförmige Wendungen laufen". – **docentur:** *docere* kann hier mit „abrichten" übersetzt werden. – **In rectum … posterior sit:** Die hier beschriebene Vorgangsweise ist wohl so zu verstehen, dass sich die Reiter direkt auf den Feind zubewegten, ihre Speere warfen, mit den Pferden nach rechts abdrehten und in einer kreisförmigen Bewegung zum Ausgangspunkt zurückkehrten. Wie das Manöver im Detail aussah, ist unklar. – **in rectum:** „geradeaus". – **dextros agunt:** *dextros* ist prädikativ zu einem zu ergänzenden *equos;* Subjekt sind nun die Germanen. – **coniuncto orbe:** Abl. instrumenti (Menge [2]2005, § 376–386), „in geschlossener Linie" (auch ein Abl. abs. wäre möglich [Menge [2]2005, § 503–505]).

6.3 **In universum aestimanti:** „Allgemein betrachtet" (wörtl.: „Für einen, der dies allgemein betrachtet"). – **plus … roboris:** Gen. partitivus (Menge [2]2005, § 291–293); zu ergänzen ist *est.* – **peditem:** kollektiver Singular (Menge [2]2005, § 6). – **eoque:** wie *ideoque* („und deshalb") zu übersetzen. – **mixti proeliantur:** d. h. Fußtruppen und Reiter kämpften in gemeinsamen Einheiten. – **apta et congruente:** Hendiadyoin („genau angepasst"). – **iuventute:** Steht für *iuvenibus* (Metonymie). – **idque ipsum:** Prädikatsnomen zu *vocantur,* das mit „und eben danach" übersetzt werden kann (sie werden also als *centeni,* „Hundertschaft", bezeichnet). – **nomen et honor:** Hendiadyoin („Ehrenbezeichnung").

6.4 **per cuneos:** Kann mit „keilförmig" übersetzt werden. – **dummodo … instes:** bedingt einschränkender Wunschsatz, der mit „wenn nur" eingeleitet und mit dem Konj. verbunden wird (im Übrigen wird die 2. Pers. Sg. Konj. – unabhängig von der vorliegenden Einbettung in einen Nebensatz mit Konj. – im Deutschen durch das Pronomen „man" wiedergegeben [Menge [2]2005, § 244]). – **consilii … formidinis:** Hierbei handelt es sich um einen prädikativen Gen. poss. (Menge [2]2005, § 303), der in Verbindung mit *esse* (das hier zu ergänzen ist) mit „ein Zeichen von" übersetzt werden kann. – **quam:** Hierzu ist (vor *consilii*) *magis* zu ergänzen. – **Scutum … flagitium:** Hierbei handelt es sich um einen Topos, den bereits Archilochos (ca. 680–645) kennt und der etwa bei Horaz (c. 2,7,9 f.) wiederkehrt (wobei bei den Genannten das Element der Scham fehlt). Zu ergänzen ist *est.* – **fas:** Zu ergänzen ist *est.*

si ante aciem agant, admiratione praesunt. Ceterum neque animadvertere neque vincire, ne verberare quidem nisi sacerdotibus permissum, non quasi in poenam nec ducis iussu, sed velut deo imperante, quem adesse bellantibus credunt. (2) Effigiesque et signa quaedam detracta lucis in proelium ferunt; quodque praecipuum fortitudinis incitamentum est, non casus nec fortuita conglobatio turmam aut cuneum facit, sed familiae et propinquitates; et in proximo pignora, unde feminarum ululatus audiri, unde vagitus infantium. Hi cuique sanctissimi testes, hi maximi laudatores. Ad matres, ad coniuges vulnera ferunt; nec illae numerare aut exigere plagas pavent, cibosque et hortamina pugnantibus gestant.

Kapitel 8: Einfluss und Ansehen der Frauen

Memoriae proditur quasdam acies inclinatas iam et labantes a feminis restitutas constantia precum et obiectu pectorum et monstrata comminus captivitate, quam longe impatientius feminarum suarum nomine timent, adeo ut efficacius obligentur animi civitatum, quibus inter obsides puellae quoque nobiles imperantur. (2) Inesse quin etiam sanctum aliquid et providum putant, nec aut consilia earum aspernantur aut responsa neglegunt. Vidimus sub divo Vespa-

---

7.1 **ex ... ex:** Ist hier kausal zu verstehen („auf Grund"). – **infinita ... potestas:** Zu ergänzen ist *est*. – **si prompti ... agant, admiratione:** = *admiratione, si ... agant* („nämlich auf Grund der Bewunderung, die ihnen zuteil wird, wenn sie ... kämpfen"); wir haben es also mit einem doppelten Abl. instrumenti zu tun (*exemplo ... admiratione;* Menge [2]2005, § 376–386). – **agant:** iterativer Kondizionalsatz (Menge [2]2005, § 558,5). – animadvertere: hier in der Bedeutung „hinrichten". – **animadvertere ... vincire ... verberare:** Anti-Klimax. Als Objekt ist kann in der Übersetzung „jemanden" ergänzt werden. –**permissum:** Zu ergänzen ist *est*. – **velut deo imperante:** Kann übersetzt werden mit „als ob die Gottheit es befohlen habe".

7.2 -**que** (am Satzbeginn): „und daher". – **propinquitates:** „die Verwandten". – **pignora:** Hier als Metapher verwendet: „die engsten Angehörigen", „die Liebsten". – **feminarum ululatus ... vagitus infantium:** Chiasmus. – **audiri:** hist. Inf., der nicht darauf beschränkt sein muss, ein Präteritum anzuzeigen (vgl. Lund 1988, 135); denkbar ist aber auch, dass lediglich *potest* ergänzt werden müsste. – **testes ... laudatores:** Zu ergänzen ist *sunt*. – **exigere plagas:** Kann hier übersetzt werden mit „die Wunden untersuchen". Damit ist wohl keine medizinische Untersuchung gemeint, sondern eher eine Prüfung der Anzahl, Größe und Schwere der Wunden, also eine „Dokumentatierung der Tapferkeit" (Schuhmann 2006, 253).

8.1 **Memoriae proditur:** „Es wird berichtet" (wörtlich: „Es wird dem Gedächtnis [der Nachwelt] überliefert"). – **Memoriae ... restitutas:** Laut Rives 1999, 152, gibt es keinen Nachweis hierfür, allerdings finden sich Parallelen, etwa in Plutarchs Vita Marii 19,7. – **obiectu pectorum:** Diese Geste wird in der Sekundärliteratur zur *Germania* auf unterschiedliche Weise gedeutet, u. a. als Hinweis auf drohenden Missbrauch durch den Feind oder als Sich-in-den-Weg-Stellen (vgl. Städele [2]2001, 323, der die verschiedenen Deutungsmöglichkeiten zusammenfasst). – **monstrata:** *monstrare* hier in der Bedeutung von „auf etwas hinweisen". – **comminus:** Adv., hier „nahe", „drohend". – **nomine:** + Gen. „um ... Willen" (Georges „nomen" II 2 a). – **imperantur:** *imperare* hier in der Bedeutung „von jemanden etwas fordern".

siano Veledam diu apud plerosque numinis loco habitam; sed et olim Auriniam et compluris alias venerati sunt, non adulatione nec tamquam facerent deas.

Kapitel 9: Götter und deren Verehrung

Deorum maxime Mercurium colunt, cui certis diebus humanis quoque hostiis litare fas habent. Herculem ac Martem concessis animalibus placant. Pars Sueborum et Isidi sacrificat; unde causa et origo peregrino sacro, parum comperi, nisi quod signum ipsum in modum liburnae figuratum docet advectam religionem. (2) Ceterum nec cohibere parietibus deos neque in ullam humani oris speciem

---

8.2 **inesse:** Gemeint ist *feminis.* – **Vespasiano:** Vespasian war in den Jahren 69–79 römischer Kaiser; er begründete die flavische Dynastie. – **Veledam:** Veleda (der Name wird auf der ersten Silbe betont – zumindest bei Statius 1,4,90, ist die zweite Silbe kurz, weshalb die Betonung auf der drittletzten Silbe liegt) war eine Wahrsagerin aus dem germanischen Stamm der Brukterer, die Tacitus auch in seinen *Historiae* (4,61 und 65) erwähnt; sie wurde als Gefangene nach Rom gebracht, worauf *Vidimus* verweist (vgl. Rives 1999, 155). – **loco:** + Gen. in der Bedeutung „wie", „für". – **sed et:** = *sed etiam.* – **Auriniam:** Weder ist eine Seherin dieses Namens noch eine mit dem Namen ‚Albruna', den einige Herausgeber aus der handschriftlichen Form *albriniam* ableiteten, bekannt (vgl. Rives 1999, 155). – **compluris:** = *complures* (Akk. Pl.). – **non ... deas:** wahrscheinlich eine weitere der zahlreichen Spitzen in Richtung römische Gesellschaft, die in der frühen Kaiserzeit mit Apotheosen, also Vergöttlichungen, von Frauen aus dem kaiserlichen Umfeld nicht sparsam war. – **tamquam:** Leitet einen konjunktivischen Vergleichssatz ein („als ob"; Menge [2]2005, § 571).

9.1 **Mercurium ... Herculem ... Martem:** Bei der Benennung germanischer Götter mit den Namen römischer Götter, welche ähnliche Funktionen hatten, handelt es sich um eine „Interpretatio Romana" (vgl. auch 3.1): Merkur entspricht hier möglicherweise Wodan, Herkules Donar und Mars Zio (vgl. Rives 1999, 157–161); zu Merkur, den Caesar als Hauptgott der Gallier anführt, siehe Caesar, *Bellum Gallicum* 6,17,1. – **humanis ... hostiis:** Vermutlich handelte es sich dabei um Kriegsgefangene und/oder Verbrecher; allerdings wurden auch Reste von Frauen und Kindern gefunden, die wohl Fruchtbarkeitsgottheiten geopfert worden waren; Tacitus' Aussage, dass die Germanen Menschen opferten, soll sie als Barbaren markieren (siehe Rives 1999, 158 f.). – **fas habent:** Kann übersetzt werden mit „betrachten sie als heilige Pflicht". – **concessis animalibus:** Mit „erlaubten Tieren" ist entweder gemeint, dass diese im Gegensatz zu den genannten Menschenopfern (aus der Sicht des Tacitus bzw. aus römischer Sicht) annehmbar wären oder dass es sich dabei um bestimmte Tiere gehandelt habe; Rives (1999, 161) etwa tendiert zur erstgenannten Möglichkeit. – **Isidi:** die ursprünglich ägyptische Göttin Isis, die auch in Rom und dessen Provinzen verehrt wurde (vgl. auch den Isis-Tempel in Mainz, der den Isis-Kult im germanischen Grenzgebiet belegt), aber wohl kaum ihren Weg bis zu Sueben gefunden hat (vgl. Lund 1988, 138; zum Isis-Kult im Römischen Reich siehe Nagel 2019). – **unde ... sacro:** Zu ergänzen ist *sit* (Konj. deshalb, weil es um einen indir. Fragesatz handelt [Menge [2]2005, § 407–420]); mit *origo* ist nicht die Herkunft des Kultes aus Ägypten gemeint, sondern seine Vermittlung zu den Sueben (vgl. Schuhmann 2006, 290); übersetzt werden kann folgendermaßen: „Warum dies so ist und woher dieser fremde Kult zu den Sueben gelangte ...". – **sacro:** Damit ist ein Kult gemeint. – **nisi quod:** „außer dass". – **liburnae:** Die *liburna* ist ein leichtes Schiff, das u. a. zum Symbol für die Göttin Isis wurde. – **advectam:** Als Ergänzung wäre *nave* zu denken, sodass sich die Bedeutung „auf dem Schiffsweg eingeführt" ergibt.

assimulare ex magnitudine caelestium arbitrantur; lucos ac nemora consecrant deorumque nominibus appellant secretum illud, quod sola reverentia vident.

Kapitel 10: Losorakel und Deutung von Vorzeichen

Auspicia sortesque ut qui maxime observant. Sortium consuetudo simplex. Virgam frugiferae arbori decisam in surculos amputant eosque notis quibusdam discretos super candidam vestem temere ac fortuito spargunt. Mox, si publice consultetur, sacerdos civitatis, sin privatim, ipse pater familiae precatus deos caelumque suspiciens ter singulos tollit, sublatos secundum impressam ante notam interpretatur. Si prohibuerunt, nulla de eadem re in eundem diem consultatio; sin permissum, auspiciorum adhuc fides exigitur. (2) Et illud quidem etiam hic notum, avium voces volatusque interrogare; proprium gentis equorum quoque praesagia ac monitus experiri. Publice aluntur iisdem nemoribus ac lucis, candidi et nullo mortali opere contacti; quos pressos sacro curru sacerdos ac rex vel princeps civitatis comitantur hinnitusque ac fremitus observant. Nec ulli auspicio maior fides, non solum apud plebem, sed apud proceres, apud sacerdotes; se enim ministros deorum, illos conscios putant.

9.2 **parietibus:** Gemeint sind die Wände von Tempeln (als Stilmittel *pars pro toto*). – **nec cohibere ... assimulare:** wieder ein Gegensatz zu römischen Gepflogenheiten. – **ex magnitudine caelestium:** Ist prädikativ zu einem zu ergänzenden *esse* („der Erhabenheit der Himmlischen angemessen sein"). – **secretum illud:** „jenes geheimnisvolle Wesen". – **sola reverentia:** „allein durch fromme Verehrung" (und nicht als mit den Augen).

10.1 **ut qui maxime observant:** brachylogischer, also verknappter Ausdruck für: *observant ut ii, qui maxime ea observant.* – **simplex:** Zu ergänzen ist *est.* – **in surculos amputant:** *surculus* hier „Stäbchen"; *amputare* hier „zerkleinern". – **notis:** Ob es sich dabei bereits um Runen handelt, kann nicht mit Sicherheit gesagt werden (zur Frage, wann die Runen entstanden sind, s. Düwel 2001). – **temere ac fortuito:** Hendiadyoin („aufs Geratewohl und wie es der Zufall will). – **Mox:** „dann". – **consultetur:** Hierbei handelt es sich um eine Konjektur für das handschriftliche *consuletur* (Önnerfors: *consulitur*); übersetzt werden kann der Begriff hier mit „die Befragung findet statt". – **ter singulos:** „dreimal je eines" = *tres.* – **ante:** hier Adverb. – **prohibuerunt:** iteratives Perfekt; *prohibere* kann hier übersetzt werden mit „ungünstig sein" (es handelte sich hierbei wohl um eine Entscheidungsfrage, nämlich ob etwas Bestimmtes unternommen werden sollte oder nicht); Subjekt ist *surculi* bzw. das Ergebnis, das sie anzeigen. – **in eundem diem:** „für denselben Tag" (statt *in eodem die*). – **consultatio:** Zu ergänzen ist *est.* – **permissum:** Zu ergänzen ist *est.* – **fides:** hier „Bestätigung".

10.2 **etiam hic:** Dies könnte sich sowohl auf die Römer (so etwa Rives 1999, 166) als auch auf die Germanen (so etwa Lund 1988, 141) beziehen. – **notum:** Zu ergänzen ist *est.* – **proprium:** Zu ergänzen ist *est.* –**iisdem nemoribus:** Abl. loci statt *in* + Abl.; *iisdem* verweist auf die in 9.2 erwähnten *nemora* und kann daher mit „in den oben erwähnten" übersetzt werden. – **et nullo:** statt *neque ullo,* wodurch die Negation intensiviert wird. – **mortali opere:** „Arbeit für Sterbliche". – **pressos:** *premere* kann auch „anspannen" bedeuten, wie hier „vor einen Wagen spannen". – **rex vel princeps:** Hierbei handelt es sich vermutlich um zwei verschiedene Typen von Stammesanführern (vgl. Lund 1988, 141 [weiters 35 f.]) und weniger um Synonyme (vgl. Rives 1999, 167 f.). – **fides:** Zu ergänzen ist ein Prädikat wie etwa *datur.* – **se ... illos:** Mit *se* sind die Priester gemeint, mit *illos* die Pferde.

(3) Est et alia observatio auspiciorum, qua gravium bellorum eventus explorant: Eius gentis, cum qua bellum est, captivum quoquo modo interceptum cum electo popularium suorum, patriis quemque armis, committunt; victoria huius vel illius pro praeiudicio accipitur.

Kapitel 11: Regierungsform: Rat der Stammeshäupter und Volksversammlung

De minoribus rebus principes consultant, de maioribus omnes, ita tamen, ut ea quoque, quorum penes plebem arbitrium est, apud principes praetractentur. Coeunt, nisi quid fortuitum et subitum incidit, certis diebus, cum aut inchoatur luna aut impletur; nam agendis rebus hoc auspicatissimum initium credunt. Nec dierum numerum, ut nos, sed noctium computant. Sic constituunt, sic condicunt: Nox ducere diem videtur. Illud ex libertate vitium, quod non simul nec ut iussi conveniunt, sed et alter et tertius dies cunctatione coeuntium absumitur. (2) Ut turbae placuit, considunt armati. Silentium per sacerdotes, quibus tum et coercendi ius est, imperatur. Mox rex vel princeps, prout aetas cuique, prout nobilitas, prout decus bellorum, prout facundia est, audiuntur auctoritate suadendi magis quam iubendi potestate. Si displicuit sententia, fremitu aspernantur; sin placuit, frameas concutiunt: Honoratissimum assensus genus est armis laudare.

Kapitel 12: Rechtsprechung

Licet apud concilium accusare quoque et discrimen capitis intendere. Distinctio poenarum ex delicto: Proditores et transfugas arboribus suspendunt, ignavos et imbelles et corpore infames caeno ac palude, iniecta insuper crate, mergunt. Diversitas supplicii illuc respicit, tamquam scelera ostendi opor-

---

10.3 **committunt:** *committere* bedeutet hier „kämpfen lassen".

11.1 **consultant:** *consultare* hier in der Bedeutung „entscheiden" (siehe Lund 1988, 142). – **de maioribus:** z. B. Krieg, Frieden etc. – **quorum:** Gen. obiectivus (Menge ²2005, § 308–315). – **inchoatur:** „wenn der Mond anfängt (zuzunehmen)", also „bei Neumond". – **auspicatissimum:** + Dat. (finalis [Menge § ²2005, 332–334]). – **Nec ... computant:** anders als die Römer, aber – laut Caesar, *Bellum Gallicum* 6,18,2 – wie bei den Galliern. – **constituunt:** Zu ergänzen ist *diem,* sodass sich die Bedeutung „einen Termin festsetzen" ergibt. – **condicunt:** hier absolut gebraucht, und zwar in der Bedeutung „eine Vereinbarung treffen". – **ducere:** hier „vorangehen". – **videtur:** Zu ergänzen ist *iis.* –**ex libertate:** *libertas* hat hier die Bedeutung „Ungebundenheit", „Freiheitssinn"; *ex:* „infolge". – **vitium:** Zu ergänzen ist *est.* – **quod:** faktisch („dass"; Menge ²2005, § 540–543). – **ut iussi:** „wie auf Befehl". – **cunctatione:** hier „Verzögerung" (vgl. Lund 1988, 143).

11.2 **ut:** temporal („sobald"). – **armati:** wieder ein Gegensatz zu den Römern, die in Bürgerversammlungen keine Waffen tragen durften (vgl. Rives 1999, 171). – **coercendi:** *coercere* hier „strafen". – **princeps:** Ob es sich bei dem in den meisten Codices überlieferten Singular *princeps,* dem gegenüber von einigen Forscher_innen *principes* vorgezogen wird (z. B. von Perl 1990, 165 f.), um den in 10.2 genannten *princeps* als Alternative zu *rex* oder um eine führende Persönlichkeit aus einer Gruppe von mehreren handelt, ist nicht klar entscheidbar (siehe Mariotti 1981, 206). – **auctoritate suadendi ... iubendi potestate:** Chiasmus.

teat, dum puniuntur, flagitia abscondi. (2) Sed et levioribus delictis pro modo poena: Equorum pecorumque numero convicti multantur. Pars multae regi vel civitati, pars ipsi, qui vindicatur, vel propinquis eius exsolvitur. (3) Eliguntur in iisdem conciliis et principes, qui iura per pagos vicosque reddunt; centeni singulis ex plebe comites consilium simul et auctoritas adsunt.

Kapitel 13: Aufnahme junger Männer in die Stammesgemeinschaft; Gefolgschaft

Nihil autem neque publicae neque privatae rei nisi armati agunt. Sed arma sumere non ante cuiquam moris, quam civitas suffecturum probaverit. Tum in ipso concilio vel principum aliquis vel pater vel propinqui scuto frameaque iuvenem ornant: Haec apud illos toga, hic primus iuventae honos; ante hoc domus pars videntur, mox rei publicae. (2) Insignis nobilitas aut magna patrum merita principis dignationem etiam adulescentulis assignant; †ceteris† robustioribus ac iam pridem probatis aggregantur, nec rubor inter comites adspici. Gradus quin etiam ipse comitatus habet, iudicio eius, quem sectan-

---

12.1 **discrimen capitis intendere:** „die Entscheidung über Leben oder Tod (= die Todesstrafe) beantragen". – **distinctio:** Zu ergänzen ist *est*. – **ex:** „entsprechend". – **corpore infames:** Menschen, die einen schlechten Ruf haben, weil sie ihren Körper entehrt haben; vermutlich sind damit homosexuell handelnde Menschen gemeint (vgl. Rives 1999, 174). – **caeno ac palude:** Hendiadyoin („im morastigen Sumpf"). Tatsächlich fand man in Deutschland zahlreiche Moorleichen, die ältesten aus der frühen Eisenzeit, wie etwa das „Mädchen aus dem Uchter Moor" (siehe Bauerochse et al. 2018; eine rezente Studie zu nordeuropäischen Moorleichen haben Beek et al. 2023 veröffentlicht); Tacitus' Behauptung, dass homosexuelle Männer durch Versenken im Sumpf bestraft wurden, kann damit jedoch nicht belegt werden (siehe dazu z. B. Lund 1988, 146f; Pingel 2000). – **iniecta ... crate:** Der Abl. abs. (Menge ^{2}2005, § 503–505) ist hier nicht vorzeitig zu verstehen: Zuerst werden die zu bestrafenden Personen versenkt, dann wirft man noch Flechtwerk darüber. Dieses Flechtwerk soll verhindern, dass der Leichnam an die Oberfläche kommt oder gar als Geist wiederkehrt (siehe Benario 1999, 78). – **illuc respicit, tamquam:** „zielt darauf ab, dass". – **oporteat:** obliquer Konj. (Menge ^{2}2005, § 455).

12.2 **pro modo:** Ergänze *delictorum* („(der Art des Vergehens) entsprechend"). – **poena:** Ergänze *est*. – **ipsi, qui vindicatur:** Hier handelt es sich nun also um Privatprozesse.

12.3 **consilium ... auctoritas:** jeweils prädikativ zu übersetzen („als"); **auctoritas:** „Gewährsmänner für sein Ansehen".

13.1 **publicae ... privatae rei:** Gen. partitivus (Menge ^{2}2005, § 291–293). – **ante ... quam:** = *antequam*. – **moris:** Zu diesem prädikativen Genitiv ist *est* zu ergänzen *(= mos est)*. – **suffecturum:** Zu ergänzen ist *eum esse* sowie *armis* („den Waffen gewachsen sein" = „waffenfähig sein" (Georges „sufficio" II a). – **probaverit:** eher Konj. Perf. als Futur II (vgl. Schuhmann 2006, 381; zur Modusattraktion nach Inf. siehe Menge § ^{2}2005, 456,3). – **haec ... toga, hic ... honos:** Das Demonstrativpronomen stimmt als Subjekt hinsichtlich Genus und Numerus mit dem Prädikatsnomen überein, wenn dieses ein Substantiv ist (= Kongruenz; Menge ^{2}2005, § 255). – **toga ... honos:** Zu ergänzen ist *est*. – **toga:** Zwischen 14. und 17. Lebensjahr legten die freien männlichen Jugendlichen in Rom die *toga praetexta* ab und ersetzten sie mit der *toga virilis* als Zeichen der nun erlangten Volljährigkeit (vgl. Binder/Saiko 1999, 1210 f.). Diesem *sumere togam virilem* entspricht hier also *arma sumere* aus 13.1, wobei ersteres jedoch für Frieden, zweites für Krieg steht (vgl. Lund 1988, 148).

tur; magnaque et comitum aemulatio, quibus primus apud principem suum locus, et principum, cui plurimi et acerrimi comites. (3) Haec dignitas, hae vires, magno semper electorum iuvenum globo circumdari, in pace decus, in bello praesidium. Nec solum in sua gente cuique, sed apud finitimas quoque civitates id nomen, ea gloria est, si numero ac virtute comitatus emineat; expetuntur enim legationibus et muneribus ornantur et ipsa plerumque fama bella profligant.

Kapitel 14: Gefolgschaft im Krieg

Cum ventum in aciem, turpe principi virtute vinci, turpe comitatui virtutem principis non adaequare. Iam vero infame in omnem vitam ac probrosum superstitem principi suo ex acie recessisse; illum defendere, tueri, sua quoque fortia facta gloriae eius assignare praecipuum sacramentum est: Principes pro victoria pugnant, comites pro principe. (2) Si civitas, in qua orti sunt, longa pace et otio torpeat, plerique nobilium adulescentium petunt ultro eas nationes, quae tum bellum aliquod gerunt, quia et ingrata genti quies et facilius inter ancipitia clarescunt magnumque comitatum non nisi vi belloque tueare. Exigunt enim principis sui liberalitate illum bellatorem equum, illam cruentam victricemque frameam; nam epulae et quamquam incompti,

---

13.2 **principis:** *princeps* hier in der Bedeutung „Gefolgsherr“. – **dignationem:** *dignatio* hier „Anerkennung“ (möglich wäre hier jedoch auch eine passivische Bedeutung des Begriffes im Sinne von „Rang“). – **†ceteris†:** Die Handschriften überliefern *ceteris,* was aber von zahlreichen Herausgebern entweder zwischen *cruces* gesetzt oder emendiert wurde, z. B. von Koestermann ([3]1970) zu *ceteri.* Belässt man *ceteris,* bleibt die Frage, worauf es sich bezieht: Perl (1990, 172) schlägt hier etwa die *comites* vor, was sprachlich problematisch sein könnte. Much ([3]1967, 224) versucht die Stelle zu lösen, indem er einen Beistrich nach *ceteris* setzt: „sie gesellen sich den übrigen, den stärkeren und erprobten Gefolgsleuten zu“ Die Stelle bleibt jedenfalls dunkel, auch vor dem Hintergrund der Zweideutigkeit von *dignationem.* – **nec rubor ... aspici:** Laut Lund 1988, 149, bezieht sich dies nur auf die *adulescentuli.* – **rubor:** Zu *rubor* (hier „Schande“) ist *est* zu ergänzen. – **comites:** Hier „Gefolgsleute“. – **et ... et:** „sowohl ... als auch“. – **magna ... aemulatio:** Zu ergänzen ist *est.* – **quibus ... cui:** Hierbei handelt es sich um einen elliptischen indirekten Fragesatz ([2]2005, Menge § 407–420), der durch *sit* bzw. *sint* zu ergänzen ist.

13.3 **dignitas ... vires:** Zu ergänzen ist *est* bzw. *sunt* (*haec ... hae:* Zur Kongruenz zwischen Demonstrativpron. und Prädikatsnomen siehe zu 13.1.). – **id nomen, ea gloria:** Zur Kongruenz zwischen Demonstrativpron. und Prädikatsnomen siehe zu 13.1. – **emineat:** iterativer Kondizionalsatz (Menge [2]2005, § 558,5); Subjekt ist *princeps.* – **expetuntur ... ornantur ... profligant:** Subjekt ist *principes* („Gefolgsherren dieser Art“). – **legationibus:** Dat. statt a + Abl. (Menge [2]2005, § 331). – **ipsa ... fama:** „allein schon durch ihren Ruf“.

14.1 **ventum ..., turpe ..., turpe ... infame ... probrosum:** Zu ergänzen ist jeweils *est.* – **superstitem principi:** *superstes* verlangt den Genetiv oder, wie hier, den Dativ. – **defendere, tueri:** Hendiadyoin. – **vinci:** Gemeint ist *a comitatu.* – **superstitem:** „überlebend“ (meist mit Dat.). – **sacramentum:** hier „heilige Pflicht“.

largi tamen apparatus pro stipendio cedunt. (3) Materia munificentiae per bella et raptus, nec arare terram aut exspectare annum tam facile persuaseris quam vocare hostem et vulnera mereri; pigrum quin immo et iners videtur sudore acquirere, quod possis sanguine parare.

Kapitel 15: Gefolgschaft im Frieden

Quotiens bella non ineunt, non multum venatibus, plus per otium transigunt, dediti somno ciboque, fortissimus quisque ac bellicosissimus nihil agens, delegata domus et penatium et agrorum cura feminis senibusque et infirmissimo cuique ex familia; ipsi hebent, mira diversitate naturae, cum idem homines sic ament inertiam et oderint quietem. (2) Mos est civitatibus ultro ac viritim conferre principibus vel armentorum vel frugum, quod pro honore acceptum etiam necessitatibus subvenit. Gaudent praecipue finitimarum gentium donis, quae non modo a singulis, sed et publice mittuntur, electi equi, magnifica arma, phalerae torquesque; iam et pecuniam accipere docuimus.

14.2 **torpeat:** Potentialis der Gegenwart (siehe zu 13.3). – **vi belloque:** Hendiadyoin. – **tueare:** = *tuearis* (kann mit „man" übersetzt werden [siehe 6.4]). – **illum ... illam:** *ille* kann mitunter statt eines Gen. poss. stehen (vgl. Lund 1988, 152): „ihr/ihre", im Sinne von „ihnen zustehend". – **bellatorem equum:** „Streitross" (*bellator* wird hier attributiv verwendet, vgl. Georges „bellator"). – **cruentam victricemque:** Die beiden Adjektive werden hier proleptisch (vorwegnehmend) verwendet, d.h. die Frame (dazu 6.1) ist zum Zeitpunkt der Übergabe noch nicht blutig und siegreich, sondern wird es erst werden (*victrix* kann hier also mit „siegbringend" übersetzt werden). – **apparatus:** hier „Gelage". – **pro ... cedunt:** *pro ... cedere,* „gelten als".

14.3 **materia:** hier „Mittel"; ergänze z.B. *paratur* („verschafft man sich"). – **annum:** „Jahresertrag" (vgl. Georges „annus" II 2). – **persuaseris:** Potentialis der Gegenwart (Menge ²2005, § 116); ergänze *iis; persuadere* („zu etwas bewegen") hier mit Inf. statt mit *ut.* – **vocare ... mereri:** Chiasmus. – **vocare:** = *provocare.* – **vulnera mereri:** Die Wunden werden hier als Lohn für die Tapferkeit gesehen (vgl. Schuhmann 2006, 426).

15.1 **ineunt:** Subjekt sind der Gefolgsherr und seine Leute, auch wenn der Abschnitt so wirkt, als meinte Tacitus die Germanen im Allgemeinen. – **non multum venatibus:** Diese Aussage scheint im Gegensatz zu Caesars *Bellum Gallicum* (6,21,3) zu stehen, wo es von den Germanen heißt: *vita omnis in venationibus atque in studiis rei militaris consistit* („Das ganze Leben ist auf die Jagd und die Beschäftigung mit militärischen Angelegenheiten ausgerichtet"); daher wurde *non* von einigen Herausgebern getilgt. Allerdings spricht Tacitus hier eben nicht von den Germanen im Allgemeinen, sondern nur von den Gefolgsleuten (vgl. Lund 1988, 153, und Rives 1999, 188f.). – **multum ... plus:** Zu ergänzen ist jeweils *temporis.* – **fortissimus ... bellicosissimus:** *quisque* + Superlativ wird im Deutschen mit Plural übersetzt, z.B. „gerade die Tapfersten" (Menge ²2005, § 36). – **delegata ... cura:** Abl. abs. (Menge ²2005, § 503–505). – **penatium:** Hier am besten mit „Hof" zu übersetzen. – **mira diversitate:** Abl. causae („auf Grund eines seltsamen Widerspruchs"; Menge ²2005, § 379). – **naturae:** „in ihrem Wesen". – **oderint:** Bei *odisse* handelt es sich um ein Defektivum, d.h. Perf. wird mit Präs. übersetzt. – **quietem:** Gemeint ist hier die Ruhe des Friedens.

15.2 **viritim:** „jeder für sich". – **armentorum ... frugum:** Gen. partit., abhängig von einem zu ergänzenden *aliquid.* – **necessitatibus subvenit:** wörtlich „hilft den Bedürfnissen ab"; hier ist gemeint, dass die freiwilligen Abgaben der Sicherung des Lebensunterhaltes dienen. – **publice:** „im Namen des ganzen Stammes".

Kapitel 16–27: Privatleben der Germanen

Kapitel 16: Siedlungs- und Bauweise

Nullas Germanorum populis urbes habitari satis notum est, ne pati quidem inter se iunctas sedes. Colunt discreti ac diversi, ut fons, ut campus, ut nemus placuit. Vicos locant non in nostrum morem conexis et cohaerentibus aedificiis: Suam quisque domum spatio circumdat, sive adversus casus ignis remedium sive inscitia aedificandi. (2) Ne caementorum quidem apud illos aut tegularum usus: Materia ad omnia utuntur informi et citra speciem aut delectationem. Quaedam loca diligentius illinunt terra ita pura ac splendente, ut picturam ac lineamenta

---

In Kapitel 16 wird erklärt, wie die Germanen ihre Siedlungen anlegen, nämlich mit möglichst alleinstehenden Gebäuden, die sie rein funktionell, ohne Beachtung ästhetischer Gesichtspunkte, aus Holz erbauen. Die Kleidung ist bei Männern und Frauen ähnlich und dabei schmucklos und simpel; sie besteht aus einem Umhang und nur bei Wohlhabenderen aus einer zusätzlichen Unterkleidung; auch Tierfelle verwendet man (Kap. 17). Dem Thema Ehe widmet Tacitus die nächsten beiden Kapitel: Die Germanen leben meist monogam; die Mitgift – Tiere und Waffen – bringt der Mann mit; die Ehe ist partnerschaftlich und gleichberechtigt ausgerichtet; zu Ehebrüchen kommt es kaum, Verhütung und Kindstötung gelten als unethisch. Bei der Kindererziehung wird kein Unterschied zwischen reich und arm gemacht; erst spät interessieren sich junge Menschen für Sexualität; das Konzept des Testaments gibt es nicht, eine große Verwandtschaft erweist sich im Alter als angenehm (Kap. 20). Zwar werden Fehden und Freundschaften vererbt, doch können erstere auch gesühnt werden, was große soziale Vorteile bringt (Kap. 21). Den Tag lässt man gemütlich angehen und Gastfreundschaft wird großgeschrieben: Auch ohne Einladung ist man willkommen, sogar als Unbekannter. An Gastgeschenken erfreut man sich, kennt hier aber kein quid pro quo (Kap. 22). Die Ernährungsweise ist sehr einfach: Obst, Wildtiere und geronnene Milch. Alkohol – in Form von gegorenem Getreidesaft, in manchen Regionen auch Wein – gegenüber kennt man weniger Mäßigung (Kap. 23). Die Germanen erfreuen sich an einer einzigen Art der schauspielerischen Darstellung, nämlich einer Art Waffentanz, der von jungen Männern unbekleidet ausgeführt wird. Verlorene Würfelspiele enden oft in Sklaverei (Kap. 24). Sklaven haben eher den Stand von Pächtern; Freigelassene nehmen meist eine untergeordnete gesellschaftliche Stellung ein (Kap. 25). Geldverleih und Zinswirtschaft sind unbekannt; die Feldwirtschaft beschränkt sich auf den Anbau von Getreide (Kap. 26). Wenn jemand verstirbt, wird er verbrannt, wobei nur die Waffen, selten auch das Pferd mitgegeben werden; die Gräber werden nur mit einem Grashügel gekennzeichnet; Grabdenkmäler würden die Toten zu sehr beschweren (Kap. 27).

16.1 **Nullas ... urbes:** Das Fehlen von Städten passt gut in die Charakterisierung der Germanen als Barbaren, da das städtische Leben im Gegenzug dazu als Ausdruck von Zivilisiertheit und Kultiviertheit galt. Gleichzeitig passen die meisten Aussagen des Tacitus hier und im Rest des Kapitels zu den archäologischen Befunden (vgl. Rives 1999, 191–193). – **populis:** Dat. auctoris statt a + Abl. (Menge [2]2005, § 331). – **habitari:** Kann auch, wie hier, transitiv verwendet werden. – **Colunt:** hier absolut verwendet. – **discreti ac diversi:** „einzeln und in verschiedene Richtungen zerstreut". – **fons ... nemus:** Vgl. dazu die Siedlungsnamen z. B. auf *-bach*, *-feld* oder *-wald* (vgl. Much [3]1967, 249). – **conexis et cohaerentibus:** Hendiadyoin („eng aneinander gebaut"). – **sive ... sive:** Laut Lund (1988, 155) werden die durch diese Partikel eingeleiteten Aussagen so gereiht, dass die zweite „verrät, was Tacitus selbst für die wahrscheinlichere Möglichkeit hält". Hier findet sich mit der Verbindung eines Präpositionalausdruckes *(adversus ... remedium)* und eines Ablatives (*inscitia;* Abl. causae [Menge [2]2005, § 379]) ein weiteres Beispiel für die für Tacitus typische Inkonzinnität.

colorum imitentur. (3) Solent et subterraneos specus aperire eosque multo insuper fimo onerant, suffugium hiemis et receptaculum frugibus, quia rigorem frigorum eius modi loci molliunt, et si quando hostis advenit, aperta populatur, abdita autem et defossa aut ignorantur aut eo ipso fallunt, quod quaerenda sunt.

Kapitel 17: Kleidung

Tegumen omnibus sagum fibula aut, si desit, spina consertum; cetera intecti totos dies iuxta focum atque ignem agunt. Locupletissimi veste distinguuntur, non fluitante, sicut Sarmatae ac Parthi, sed stricta et singulos artus exprimente. Gerunt et ferarum pelles, proximi ripae neglegenter, ulteriores exquisitius, ut quibus nullus per commercia cultus. Eligunt feras et detracta velamina spargunt maculis pellibusque beluarum, quas exterior Oceanus atque ignotum mare gignit. (2) Nec alius feminis quam viris habitus, nisi quod feminae

---

16.2 **Ne … delectationem:** Erst später haben die Germanen verschiedene Bautechniken von den Römern übernommen, worauf auch zahlreiche Lehnwörter verweisen (z. B. *tegula* → Ziegel, *fenestra* → Fenster, *murus* → Mauer). – **Materia:** Baufstoff; hier ist damit vermutlich Holz gemeint, und zwar unbehauenes, ungeglättetes *(informi);* tatsächlich scheinen die Germanen ein „considerable skill at woodworking" gehabt zu haben, wie auch die archäologischen Funde zeigen (vgl. Rives 1999, 194). – **citra:** hier „ohne". – **delectationem:** Kann hier mit „Reiz" übersetzt werden. – **Quaedam loca:** Wahrscheinlich sind damit keine Außenwände, sondern Wände von Innenräumen gemeint. – **imitentur:** Einige Handschriften überliefern *imitetur,* andere *imitentur.* Bei Ersterem muss *terra* Subjekt sein („dass es wie Bemalung und farbiges Linienwerk aussieht" [Fuhrmann 1997, 25 f.]), bei der zweiten Möglichkeit sind die *Germani* oder die *loca* Subjekt. Sind die *Germani* gemeint, kann die Stelle z. B. übersetzt werden mit „dass sie Wandmalereien mit farbigen Konturen nachahmen" (Lund 1988, 83); sind hingegen die *loca* Subjekt, etwa folgendermaßen: „dass sie Wandmalereien mit farbigen Konturen ähnlich sehen".

16.3 **hiemis:** Gen. obiectivus (Menge [2]2005, § 308–315). Die handschriftliche Überlieferung lautet übrigens *hiemi,* was von den meisten Herausgebern aus semantischen Gründen abgelehnt wird (denn nicht der Winter findet hier Schutz), während hingegen der Genitiv sowohl semantisch Sinn ergibt als auch syntaktisch möglich ist (mehr dazu bei Lund 1998, 157). – **frugibus:** Dat. finalis (Menge [2]2005, § 332–334). – **advenit:** Eher Perfekt als Präsens, auf Grund des Zeitverhältnisses. – **populatur … ignorantur:** *(aut … fallunt):* Subjektswechsel. – **ignorantur:** „bleiben unbemerkt". – **fallunt:** Zu ergänzen ist *hostem* („entgehen dem Feind"). – **eo ipso:** „gerade deshalb". – **quod quaerenda sunt:** Vielleicht eine Spitze gegen die germanischen Feinde, dass sie nämlich zu träge für die Suche seien.

17.1 **Tegumen:** „Bedeckung", hier „Bekleidung"; Prädikatsnomen, zu dem *est* zu ergänzen ist. – **sagum:** Dabei handelt es sich um ein viereckiges grobes Tuch aus Wolle, das man sich über die Schulter warf und das mit einer Spange zusammengehalten wurde; meist wurde es von Sklaven, Hirten und Soldaten getragen; hier wird es nun auch den Germanen zugeschrieben (was auch durch archäologische Funde belegt wurde, siehe z. B. Schlabow 1976, 50–69, oder Todd 2000, 124 f.). – **desit:** iterativer Kondizionalsatz (Menge [2]2005, § 558,5). – **spina:** „Dorn". – **cetera:** Dabei handelt es sich entweder um ein Adverb oder um einen Akk. der Beziehung (Acc. Graecus) zu *intecti;* übersetzt werden kann *cetera intecti* in beiden Fällen mit „sonst unbekleidet". – **totos dies:** Akk. der Zeiterstreckung (*agere* kann auch absolut verwendet werden) oder Akk.-Objekt zu *agere* (vgl. Lund 1988, 159). – **focum atque ignem:** Hendiadyoin („Herdfeuer"). – **Sarmatae ac Parthi:** Völker, die von den Römern ebenfalls als Barbaren betrachtet wurden; zu den Sarmaten siehe 1.1; die

saepius lineis amictibus velantur eosque purpura variant partemque vestitus superioris in manicas non extendunt, nudae brachia ac lacertos; sed et proxima pars pectoris patet.

Kapitel 18: Ehe

Quamquam severa illic matrimonia, nec ullam morum partem magis laudaveris. Nam prope soli barbarorum singulis uxoribus contenti sunt, exceptis admodum paucis, qui non libidine, sed ob nobilitatem plurimis nuptiis ambiuntur. (2) Dotem non uxor marito, sed uxori maritus offert. Intersunt parentes et pro-

---

Parther gehörten zu den Feinden Roms im Mittleren Osten (zu den Parthern siehe auch 37.3). – **veste ... stricta ... exprimente:** Damit sind wohl langärmlige Hemden und Hosen gemeint; letztere, die *bracae,* waren ein typisch barbarisches Kleidungsstück und als solche negativ konnotiert (siehe Rives 1999, 197 f.). – **exprimente:** *exprimere* hier „hervortreten lassen". – **Gerunt:** Das Prädikat bezieht sich wohl nicht nur auf die *locupletissimi,* sondern auf *omnibus* im ersten Satz. – **proximi ripae:** Die germanischen Stämme an Rhein und Donau, also an den Grenzen zum Römischen Reich, mit dem sie Handelsbeziehungen unterhielten; *ripae:* Dat. – **ut quibus:** = *ut ii, quibus* („wie eben Menschen, die"), mit begründendem Sinn (Menge ²2005, § 592, 1a); gemeint ist, dass diese Stämme weniger Möglichkeiten haben, durch Handel besonderen Luxus *(cultus)* zu erwerben. – **cultus:** Zu ergänzen ist *sit.* – **Eligunt:** und zwar sorgfältig (aus *exquisitius* herzuleiten). – **detracta:** *detrahere* hier „abziehen", nämlich den Wildtieren (mitzudenken ist also *feris*). – **maculis pellibusque:** Hendiadyoin („Pelzstücke"; *macula:* sonst „Fleck"). – **beluarum:** Damit sind wahrscheinlich Seehunde oder Kegelrobben gemeint, d. h. in diesem Fall handelt es sich um Pelzkleidung, die mit Seehund- bzw. Kegelrobbenfell besetzt ist. – **exterior Oceanus ... ignotum mare:** wohl ein „Hendiadyoin statt ‚exterioris Oceanis ignotum mare'", wofür laut Lund 1988, 161, auch der Singular *gignit* spräche („das unbekannte Meer des äußeren Ozeans"; mit *Oceanus* sind wohl Nord- und Ostsee gemeint [vgl. 2.1]).

17.2 **feminis ... habitus:** Dies widerspricht den archäologischen Funden, die zeigen, dass Frauen lange Kleider oder Rock und Hemd trugen (vgl. Todd 2000, 124 f.). Zu ergänzen ist *est.* – **saepius:** Damit ist wahrscheinlich nicht „häufiger als die Männer", sondern „häufiger" in absolutem Sinn gemeint. – **purpura:** Purpur wurde üblicherweise von der Purpurschnecke gewonnen, die es in diesen Breiten jedoch nicht gab; Rives (1999, 200) vermutet, dass es sich bei der hier genannten Farbe um Indigoblau handelt. – **partemque vestitus superioris:** Enallage (dabei handelt es sich um eine Stilfigur, bei der ein Adjektiv statt zu seinem eigentlichen Bezugswort grammatisch zu einem anderen Substantiv gezogen wird, zu dem es aber inhaltlich nicht passt; die hier genannte Wendung steht also für: *partemque vestitus superiorem* [„den oberen Teil des Gewandes]). – **brachia ac lacertos:** Akk. der Beziehung zu *nudae* („unbedeckt hinsichtlich", kann etwas freier übersetzt werden mit „Unter- und Oberarme sind unbedeckt"). – **proxima ... patet:** auffällige vierfache Alliteration.

18.1 **Quamquam:** im Hauptsatz „dennoch"; gemeint ist: Die Ehe wird laut Tacitus ernst genommen, obwohl sich die Frauen vergleichsweise freizügig kleiden und man deshalb vom Gegenteil ausgehen könnte (ein weiterer Seitenhieb auf die stadtrömische Gesellschaft jener Zeit). – **severa:** Zu ergänzen ist *sunt.* – **laudaveris:** Potentialis der Gegenwart (Menge ²2005, § 116). – **soli barbarorum:** Dass die Germanen als einzige Barbaren monogram gewesen sein sollen, entspricht vermutlich nicht der Wahrheit, sondern es handelt sich um ein weiteres Beispiel aus der die Germanen idealisierenden Topik, die Tacitus entwirft (vgl. Städele ²2001, 343). – **singulis uxoribus:** „mit *einer* Frau". – **exceptis ... paucis:** Eine der Ausnahmen bildet Ariovist, über den Caesar berichtet, dass er zwei Frauen hatte (*Bellum Gallicum* 1,53,4). – **libidine ... ob nobilitatem:** ein weiteres Beispiel für die Vorliebe

pinqui ac munera probant, munera non ad delicias muliebres quaesita nec quibus nova nupta comatur, sed boves et frenatum equum et scutum cum framea gladioque. In haec munera uxor accipitur, atque in vicem ipsa armorum aliquid viro adfert: Hoc maximum vinculum, haec arcana sacra, hos coniugales deos arbitrantur. (3) Ne se mulier extra virtutum cogitationes extraque bellorum casus putet, ipsis incipientis matrimonii auspiciis admonetur venire se laborum periculorumque sociam, idem in pace, idem in proelio passuram ausuramque. Hoc iuncti boves, hoc paratus equus, hoc data arma denuntiant. Sic vivendum, sic pereundum: accipere se, quae liberis inviolata ac digna reddat, quae nurus accipiant rursusque ad nepotes referantur.

Kapitel 19: Eheleben

Ergo saepta pudicitia agunt, nullis spectaculorum illecebris, nullis conviviorum irritationibus corruptae. Litterarum secreta viri pariter ac feminae ignorant. Paucissima in tam numerosa gente adulteria, quorum poena praesens et maritis permissa: Abscisis crinibus nudatam coram propinquis expellit domo maritus ac per omnem vicum verbere agit. Publicatae enim pudicitiae nulla venia: Non forma, non aetate, non opibus maritum invenerit. Nemo enim illic

---

des Autors für inkonzinne Konstruktionen. – **qui non libidine:** verkürzte Ausdrucksweise für „die nicht aus Leidenschaft mehrere Frauen haben". – **nuptiis:** hier „Heiratsanträge". – **ambiuntur:** hier „sie werden umworben".

18.2 **Dotem … offert:** also anders, als es bei den Römern der Fall war. Vielleicht handelt es sich hier auch nicht um eine Mitgift, sondern um einen Brautkauf (dazu Rives 1999, 201 f.). – **quibus:** = *ut iis*. – **comatur:** *comere* hier „schmücken". – **In haec munera:** „Auf diese Geschenke hin". – **accipitur:** nämlich *in matrimonium*. – **hoc … haec … hos:** Damit ist der formelle Akt des Geschenketauschs gemeint (die unterschiedlichen Numeri bzw. Genera sind dadurch bedingt, dass im Lateinischen zwischen pronominalem Subjekt [Demonstrativ-, Interrogativ bzw. Relativpronomen] und prädikativem Substantiv Kongruenz herrschen muss [siehe Menge ^{2}2005, § 258]). – **sacra:** hier „Weihe". – **coniugales deos:** Bei den Hochzeiten in Rom wurden bestimmte Götter angerufen, z. B. Iuno in ihrer Funktion als Ehegöttin; statt dieser Anrufung gibt es bei den Germanen eben eine feierliche Übergabe von Geschenken. Städele ^{2}2001, 99, z. B. übersetzt diesen Ausdruck mit: „Segen der Ehegötter".

18.3 **ipsis … auspiciis:** „gerade durch die Zeremonien …"; eine weitere „Interpretatio Romana", da die römischen Hochzeitszeremonien mit Auspizien begannen (vgl. z. B. Haase 1998, 651). – **admonetur:** Davon ist die folgende Oratio obliqua bis zum Kapitelende abhängig (Menge ^{2}2005, § 470–472). – **periculorumque … passuram:** starke vierfache Alliteration. – **iuncti … arma:** Das Ochsengespann symbolisiert den Frieden, das Pferd und die Waffen den Krieg (siehe Lund 1988, 163). – **vivendum … pereundum:** Zu ergänzen ist *ei esse*. – **quae … quae:** Hier sind wohl nicht die Rinder und die Pferde gemeint, sondern entweder die Zügel und Waffen oder möglicherweise die Traditionen und Werte, welche die *munera* symbolisieren (vgl. z. B. Mariotti 1981, 217; laut Lund 1988, 162: „die Verpflichtungen, die bei dem Empfang der Gaben erfolgen"). – **inviolata ac digna:** „in ihrem Wert nicht geschmälert" (Städele ^{2}2001, 101). – **liberis:** gemeint sind die Söhne. – **rursusque:** „wiederum"; hier ist *quae* als Subjekt zu *referantur* zu ergänzen (das vorherige *quae* ist Objekt zu *accipiant*).

vitia ridet, nec corrumpere et corrumpi saeculum vocatur. (2) Melius quidem adhuc eae civitates, in quibus tantum virgines nubunt et cum spe votoque uxoris semel transigitur. Sic unum accipiunt maritum quo modo unum corpus unamque vitam, ne ulla cogitatio ultra, ne longior cupiditas, ne tamquam maritum, sed tamquam matrimonium ament. Numerum liberorum finire aut quemquam ex agnatis necare flagitium habetur, plusque ibi boni mores valent quam alibi bonae leges.

19.1 **saepta:** hier „behütet". – **pudicitia:** Die hier beschriebene sexuelle Moral widerspricht dem Topos der Freizügigkeit der Barbaren (vgl. Lund 1990, 59). – **agunt:** *agere* kann im Sinne von „leben" absolut verwendet werden (ausgehend von *vitam agere* [vgl. Georges „agere" II B 1 b); Subjekt: die Ehefrauen. – **nullis ... adulteria:** Indirekt werden hier die kulturellen Praktiken der Römerinnen zum Vergleich herangezogen: die Teilnahme an Schauspielen und Gelagen, der Austausch heimlicher Liebesbriefe und schließlich Ehebruch (vgl. Lund 1988, 164). – **illecebris:** „Verlockungen". – **irritationibus:** „Verführungen", „Sinnesreize". – **pariter ac:** „ebenso wie". – **Paucissima ... adulteria:** Zu ergänzen ist *sunt.* – **in tam numerosa gente:** mit konzessivem Sinn („trotz der so hohen Bevölkerungszahl"). – **praesens ... permissa:** Zu ergänzen ist *est; praesens* hier „augenblicklich". – **Abscisis crinibus:** Man hat zwar weibliche Moorleichen mit abgeschnittenen Haaren entdeckt (vgl. Rives 1999, 204), jedoch können diese Funde die Aussage des Tacitus nicht belegen (das berühmte ‚Mädchen von Windeby', das ebenfalls kurzgeschorene Haare trug und lange als Beleg für diese Stelle galt [zur Diskussion darüber siehe Lund 1988, 165], stellte sich später als männliche Moorleiche heraus [vgl. Gill-Robinson 2005]). – **Publicatae pudicitiae:** „Preisgabe der Keuschheit" (Fuhrmann 1997, 29). – **nulla venia:** Zu ergänzen ist *est* oder *datur.* – **Non ... invenerit:** also anders als in Rom; gemeint ist sowohl die unverheiratete unkeusche Frau als auch die unkeusche Ehefrau; *invenerit* ist Potentialis der Gegenwart (Menge [2]2005, § 116). – **corrumpere:** hier „verführen". **saeculum:** hier „Zeitgeist" (Reeb 1930, 40), „modern" (Fuhrmann 1997, 31).

19.2 **civitates:** Zu ergänzen ist ein Prädikat wie *agunt* oder *faciunt.* Welche Stämme hier gemeint sind, kann nicht nachgewiesen werden. – **cum spe votoque:** „mit der Hoffnung auf Ehe und dem Eheversprechen" (vgl. Perl 1990, 99). – **semel transigitur:** hier „es ist ein für alle Mal erledigt" (weil man bei diesen Stämmen als Frau ja nicht zweimal heiraten darf, z.B. als Witwe). – **ne ... ne ... cupiditas:** Zu ergänzen ist *sit.* – **ultra:** gemeint ist „über die Ehe mit diesem einen Mann hinaus". – **tamquam:** hier „sozusagen". – **Numerum ... necare:** also anders als bei den Römerinnen. – **finire:** hier „beschränken". – **agnatis:** Damit waren in Rom „nachgeborene Söhne" gemeint, also Söhne, die geboren wurden, nachdem schon ein Erbe festgelegt worden war (Georges „agnatus" II A), und daher oft ausgesetzt wurden (vgl. Lund 1988, 166). – **plusque ... leges:** ein Topos, der z.B. auch aus Horaz c. 3,24,35 bekannt ist (weitere Stellen bei Lund 1988, 166); die Stelle spielt wohl auf die Ehegesetze des Kaisers Augustus an (z.B. auf die *Lex Papia Poppaea,* die nicht viel Wirkung gezeigt hatte [vgl. Lund 1988, 167]).

Kapitel 20: Erziehung, Verwandschaft und Erbrecht

In omni domo nudi ac sordidi in hos artus, in haec corpora, quae miramur, excrescunt. Sua quemque mater uberibus alit, nec ancillis ac nutricibus delegantur. Dominum ac servum nullis educationis deliciis dignoscas: Inter eadem pecora, in eadem humo degunt, donec aetas separet ingenuos, Virtus agnoscat. (2) Sera iuvenum venus, eoque inexhausta pubertas. Nec virgines festinantur; eadem iuventa, similis proceritas: Pares validaeque miscentur, ac robora parentum liberi referunt. (3) Sororum filiis idem apud avunculum qui ad patrem honor. Quidam sanctiorem artioremque hunc nexum sanguinis arbitrantur et in accipiendis obsidibus magis exigunt, tamquam et animum firmius et domum latius teneant. Heredes tamen successoresque sui cuique liberi, et nullum testamentum. Si liberi non sunt, proximus gradus in possessione fratres, patrui, avunculi. Quanto plus propinquorum, quanto maior affinium numerus, tanto gratiosior senectus; nec ulla orbitatis pretia.

20.1 **artus:** „Gliederbau" (zum Körperbau der Germanen siehe 4). – **Sua ... delegantur:** ein weiterer Seitenhieb auf die höhere römische Gesellschaft, in der es nicht unüblich war, Kinder von Ammen stillen und großziehen zu lassen (vgl. Wiesehöfer 1996). Im zweiten Teil des Satzes findet ein Subjektswechsel statt. – **Sua:** = *suos pueros suasque puellas.* – **Dominum ac servum:** Hier ist jeweil *futurum* dazuzudenken. – **nullis ... deliciis:** Übersetzt werden kann die Stelle etwa folgendermaßen: „durch keine Verhätschelung in der Erziehung". – **dignoscas:** Potentialis (Menge [2]2005, § 116). – **degunt:** nämlich *vitam* („sie leben"). – **separet ingenuos:** Zu ergänzen ist *a servis.* – **donec:** mit Konjunktiv (siehe 1.2). – **agnoscat:** ein *terminus technicus* aus dem juristischen Bereich: So wie ein *pater familias* ein Kind als sein eigenes anerkennt, erkennt die *Virtus* die Freigeborenen als ihre Kinder an (vgl. Schuhmann 2006, 555 f.); übersetzt werden kann dementsprechend z. B. „bestätigt die Tapferkeit sie als ihre Kinder".

20.2 **Sera ... venus:** Zu ergänzen ist *est:* „Spät beginnt das Liebesleben"; vgl. dazu auch Caesar, *Bellum Gallicum* 6,21,5. Vermutlich liegt hier die antike Annahme zugrunde, dass die Pubertät in kühleren Klimazonen später eintrete (vgl. Lund 1988, 167 f.). – **eoque:** „und deshalb". – **inexhausta:** Zu ergänzen ist *est.* – **pubertas:** hier „Potenz"; die Vorstellung, dass frühe sexuelle Betätigung die Potenz beeinträchtige, ist ebenfalls bei Caesar, *Bellum Gallicum* 6,21,4, (und andernorts) zu finden (vgl. Lund 1988, 168). – **festinantur:** *festinare* wird hier transitiv verwendet (vgl. Georges „festino 1" II a): „man beeilt sich nicht mit [der Verheiratung der Mädchen]"; wieder im Gegensatz zu Rom, wo Mädchen bereits mit 12 Jahren verheiratet werden konnten (vgl. Treggiari 1997, 897). – **eadem ... proceritas:** Zu ergänzen ist *est.* – **Pares validaeque:** „gleichaltrig und an Stärke ebenbürtig". – **miscentur:** Zu ergänzen ist *iuvenibus;* gemeint ist, dass sie heiraten. – **referunt:** *referre* hier in der Bedeutung „widerspiegeln".

20.3 **idem ... honor:** Zu ergänzen ist *est.* – **avunculi:** Onkel mütterlicherseits. – **Quidam:** Gemeint sind damit Germanenstämme. – **exigunt:** nämlich *sororum filios,* also junge Männer, die einen oder mehrere Onkel mütterlicherseits haben. – **tamquam:** „als ob" (gemäß Lund 1988, 169, jedoch kausal). – **domum:** hier „Sippe". – **teneant:** *tenere* hier „verpflichten"; Subjekt: *obsides* (möglich wäre als Subjekt auch *Quidam*). – **Heredes ... avunculi:** Anders als in Rom ist die Erbfolge bei den Germanen festgelegt. – **liberi:** Zu ergänzen ist *sunt.* – **testamentum:** Zu ergänzen ist *est.* – **fratres ... avunculi:** Zu ergänzen ist *sunt* („bilden die nächste Stufe im Besitzrecht", so etwa Städele [3]2001, 103). – **patrui:** Onkel väterlicherseits. – **Quanto ... pretia:** Zu ergänzen ist *est* bzw. *sunt.* – **propinquorum:** „Verwandte". – **affinium:**

Kapitel 21: Fehden und Gastfreundschaft

Suscipere tam inimicitias seu patris seu propinqui quam amicitias necesse est; nec implacabiles durant: Luitur enim etiam homicidium certo armentorum ac pecorum numero recipitque satisfactionem universa domus, utiliter in publicum, quia periculosiores sunt inimicitiae iuxta libertatem.

(2) Convictibus et hospitiis non alia gens effusius indulget. Quemcumque mortalium arcere tecto nefas habetur; pro fortuna quisque apparatis epulis excipit. Cum defecere, qui modo hospes fuerat, monstrator hospitii et comes; proximam domum non invitati adeunt. Nec interest: Pari humanitate accipiuntur. Notum ignotumque quantum ad ius hospitis nemo discernit. Abeunti, si quid poposcerit, concedere moris; et poscendi in vicem eadem facilitas. Gaudent muneribus, sed nec data imputant nec acceptis obligantur. [Victus inter hospites comis.]

Kapitel 22: Tagesablauf; Gelage

Statim e somno, quem plerumque in diem extrahunt, lavantur, saepius calida, ut apud quos plurimum hiems occupat. Lauti cibum capiunt; separatae singulis sedes et sua cuique mensa. Tum ad negotia nec minus saepe ad convivia procedunt armati. Diem noctemque continuare potando nulli probrum. Crebrae, ut inter vinolentos, rixae raro conviciis, saepius caede et vulneribus

„Verschwägerte". – **gratiosior:** *gratiosus* hier „ehrenvoll". – **nec ... pretia:** Wieder ein Seitenhieb auf die römische Gesellschaft, in der kinderlose männliche Senioren von Erbschleichern auf Händen getragen wurden (vgl. z. B. Martial 6,63). – *pretia* hier in der Bedeutung von „Vorteile".

21.1 **Suscipere ... necesse est:** Man erbt bei den Germanen also auch die Feindschaften sowie die Freundschaften des Vaters bzw. der Verwandten, anders als in Rom (vgl. Rives 1999, 209f). – **nec:** „doch ... nicht". – **satisfactionem:** „Buße". – **domus:** hier „Sippe". – **utiliter in publicum:** = *id, quod utilis est in publicum* („was nützlich für die Allgemeinheit ist"). – **iuxta libertatem:** „bei der Ungebundenheit, die allgemein herrscht".

21.2 **Convictibus:** „Geselligkeit". – **non alia:** = *nulla alia.* – **Quemcumque ... habetur:** Vgl. dazu Caesar, *Bellum Gallicum* 6,23,9. – **pro fortuna:** „je nach Vermögen". – **defecere:** = *defecerunt;* Subjekt ist *epulae.* – **monstrator ... comes:** Zu ergänzen ist *fit.* – **nec interest:** Übersetzt werden kann folgendermaßen: „doch das macht nichts". – **humanitate:** „Gastlichkeit". – **quantum ad:** Zu ergänzen ist *est* oder *pertinet* („soweit es ... betrifft.") – **poposcerit:** iterativer Kondizionalsatz (Menge [2]2005, § 558,5). – **moris:** Siehe dazu 13.1. – **in vicem:** „umgekehrt". – **eadem facilitas:** Zu ergänzen ist *est; facilitas* hier „Unbefangenheit". – **sed ... obligantur:** also anders als das *do-ut-des*-Prinzip, das in Rom praktiziert wird (vgl. Lund 1988, 172). – [**Victus ... comis**]: „Das Verhältnis zwischen Wirt und Gast ist freundlich". Dieser Satz findet sich so in den Handschriften, wird aber von manchen Herausgebern emendiert (z. B. von Lund 1988, 171: *Victus inter hospites communis*) oder als ganzlich unecht angesehen: Möglicherweise handelt es sich dabei um eine Marginalglosse eines Schreibers, die schließlich als Teil des Textes weiterüberliefert wurde (vgl. z. B. Rives 1999, 211).

transiguntur. (2) Sed et de reconciliandis in vicem inimicis et iungendis affinitatibus et asciscendis principibus, de pace denique ac bello plerumque in conviviis consultant, tamquam nullo magis tempore aut ad simplices cogitationes pateat animus aut ad magnas incalescat. (3) Gens non astuta nec callida aperit adhuc secreta pectoris licentia ioci; ergo detecta et nuda omnium mens. Postera die retractatur, et salva utriusque temporis ratio est: Deliberant, dum fingere nesciunt, constituunt, dum errare non possunt.

Kapitel 23: Getränke und Ernährung

Potui umor ex hordeo aut frumento, in quandam similitudinem vini corruptus; proximi ripae et vinum mercantur. Cibi simplices, agrestia poma, recens fera aut lac concretum: Sine apparatu, sine blandimentis expellunt famem. Adversus sitim non eadem temperantia: Si indulseris ebrietati suggerendo quantum concupiscunt, haud minus facile vitiis quam armis vincentur.

22.1 **Statim e somno:** Die Präposition ist hier zeitlich gemeint: „Gleich nach dem Schlaf". – **quem ... extrahunt:** anders als die Römer, bei denen frühes Aufstehen als Tugend galt (vgl. Rives 1999, 211); *extrahere:* hier „ausdehnen". – **calida:** „warmes Wasser". – **ut apud quos:** kausales *ut* (*ut qui = quippe qui* [= kausaler Relativsatz, Menge [2]2005, § 592,1a]), hier allerdings mit Indikativ („da bei ihnen"). – **plurimum:** Zu ergänzen ist *tempus anni.* – **separatae ... mensa:** Zu ergänzen ist *sunt* bzw. *est.* Bei dieser Art des separaten Zu-Tische-Sitzens, die mit der Gewohnheit der Römer kontrastiert, handelt es sich laut Rives 1999, 211, um einen ethnographischen Topos. – **continuare:** „unmittelbar verbinden", „ineinander übergehen lassen" (*continuare potando:* freier „durchzechen"). – **probrum:** Zu ergänzen ist *est.* – **ut ... vinolentos:** Zu ergänzen ist *fieri solet.* – **conviciis:** „Beschimpfungen".

22.2 **tamquam:** „als ob", „weil nach ihrer Ansicht" (Menge [2]2005, § 571).

22.3 **adhuc:** entweder im Sinne von „bis heute" oder auf *secreta* zu beziehen („bis dahin noch verborgen"). – **licentia ioci:** „unter dem Einfluss der ausgelassenen Stimmung" (Lund 1988, 89). – **mens:** Zu ergänzen ist *est.* – **retractatur:** „man bespricht sich erneut" (unpers. Passiv). – **salva ... ratio est:** wörtlich „die Rücksicht auf beide Zeiten ist unversehrt", freier: „die Berücksichtigung beider Zeitpunkte ist sinnvoll". – **dum fingere nesciunt:** wenn sie nämlich betrunken sind. – **dum errare non possunt:** wenn sie nüchtern sind.

23 **Potui:** Zu ergänzen ist *est* („dient als Getränk"). – **umor ... frumento:** Gemeint ist Bier. – **corruptus:** hier „vergoren". – **simplices:** Zu ergänzen ist *sunt.* – **agrestia:** *agrestis* hier „wildwachsend". – **fera:** hier „Wildbret". – **lac concretum:** geronnene Milch (noch kein Käse [Mariotti 1981, 224]). – **apparatu:** *apparatus* hier „ohne besondere Zubereitung". – **blandimentis:** *blandimenta* hier „Gewürze". – **temperantia:** Zu ergänzen ist *iis est.* – **indulseris:** *indulgere* hier „nachgeben". – **suggerendo:** Das Gerundium im Ablativ wird hier wie ein Part. Präs. Akt. verwendet (modal: „indem man ihnen vorsetzt" [Menge [2]2005, § 513 3b]).

Kapitel 24: Unterhaltung

Genus spectaculorum unum atque in omni coetu idem: Nudi iuvenes, quibus id ludicrum est, inter gladios se atque infestas frameas saltu iaciunt. Exercitatio artem paravit, ars decorem, non in quaestum tamen aut mercedem: Quamvis audacis lasciviae pretium est voluptas spectantium. (2) Aleam, quod mirere, sobrii inter seria exercent, tanta lucrandi perdendive temeritate, ut, cum omnia defecerunt, extremo ac novissimo iactu de libertate ac de corpore contendant. Victus voluntariam servitutem adit: Quamvis iuvenior, quamvis robustior alligari se ac venire patitur. Ea est in re prava pervicacia; ipsi fidem vocant. Servos condicionis huius per commercia tradunt, ut se quoque pudore victoriae exsolvant.

Kapitel 25: Sklaven und Freigelassene

Ceteris servis non in nostrum morem, descriptis per familiam ministeriis, utuntur: Suam quisque sedem, suos penates regit. Frumenti modum dominus aut pecoris aut vestis ut colono iniungit, et servus hactenus paret; cetera, domus officia uxor ac liberi exsequuntur. Verberare servum ac vinculis et opere coercere rarum: Occidere solent, non disciplina et severitate, sed impetu et ira, ut inimicum, nisi quod impune est. (2) Liberti non multum supra servos sunt, raro aliquod momentum in domo, numquam in civitate, exceptis dumtaxat iis

---

24.1 **Genus ... unum ... idem:** Zu ergänzen ist *est.* Dass diese Art von Schauspiel wirklich die einzige gewesen sein soll, ist nicht sehr wahrscheinlich – Tacitus will wohl lediglich ein weiteres Mal auf die einfache und unprätentiöse Lebensweise der Germanen hinweisen. – **se ... saltu iaciunt:** „werfen sie sich im Sprung" (vgl. Städele [2]2001, 107). – **in quaestum ... mercedem:** *in* hier zur Angabe des Zwecks („um Gewinn oder Lohn", wie bei den Schauspielern in Rom). – **quamvis:** gehört zu *audacis* („der auch noch so verwegenen").

24.2 **mirere:** = *mireris* (Potentialis [Menge [2]2005, § 116]) – **sobrii:** im Gegensatz zu den Römern und ihrem sonstigen Interesse am Trinken. – **inter seria:** „wie etwas Ernsthaftes". – **cum omnia defecerunt:** „wenn alles verloren ist". – **extremo ... novissimo:** Hendiadyoin („mit dem allerletzten"). – **Victus ... adit:** Dies dürfte, wie bei zahlreichen anderen Darstellungen in diesem Werk, nicht der Normalfall gewesen sein, sondern von Tacitus pauschalisiert worden sein (vgl. Städele [2]2001, 353). – **Quamvis iuvenior ... robustior:** Zu ergänzen ist *sit* (*quamvis* = hier *licet,* „mag er auch"). – **venire:** Ersatz für das fehlende Passiv von *vendere* („verkauft werden"). – **in re prava:** „an verkehrter Stelle" (Fuhrmann 1997, 37). – **se quoque:** Es schämt sich also auch der Sieger für seinen Sieg.

25.1 **non in nostrum morem:** Hier ist der Vergleich mit den Römern explizit. – **descriptis ... ministeriis:** modaler Abl. abs. („indem die Aufgaben auf die Sklavenschaft aufgeteilt sind"; Menge [2]2005, § 503–505). – **penates:** Metonymie für „Haus", „Hausstand". – **colono:** „Pächter" (der römische Bauer, der sein Land pachten musste). – **hactenus:** „nur so weit". – **domus officia:** laut Lund 1988, 179, Apposition zu *cetera* („Das Übrige, nämlich die Aufgaben im Haus"). – **Verberare ... rarum:** wieder anders als bei den Römern. – **opere coercere:** „mit Zwangsarbeit bestrafen". – **disciplina et severitate:** Hendiadyoin („nicht der strengen Zucht wegen"). – **impetu et ira:** Hendiadyoin („im Jähzorn"). – **nisi quod:** „nur, dass".

gentibus quae regnantur. Ibi enim et super ingenuos et super nobiles ascendunt; apud ceteros impares libertini libertatis argumentum sunt.

Kapitel 26: Geldwirtschaft; Landwirtschaft

Faenus agitare et in usuras extendere ignotum; ideoque magis serva⟨n⟩tur, quam si vetitum esset. (2) Agri pro numero cultorum ab universis in vicem occupantur, quos mox inter se secundum dignationem partiuntur; facilitatem partiendi camporum spatia praestant. (3) Arva per annos mutant, et superest ager. Nec enim cum ubertate et amplitudine soli labore contendunt, ut pomaria conserant et prata separent et hortos rigent: Sola terrae seges imperatur. (4) Unde annum quoque ipsum non in totidem digerunt species: Hiems et ver et aestas intellectum ac vocabula habent, autumni perinde nomen ac bona ignorantur.

25.2 **Liberti ... civitate:** im Gegensatz zu Rom, wo Freigelassene zu jener Zeit die Möglichkeit hatten, zu hohen politischen Ämtern aufzusteigen. – **momentum:** hier „Bedeutung"; zu ergänzen ist *habent.* – **regnantur:** *regnari* „von einem König regiert werden. – **impares libertini:** „der untergeordnete Rang der Freigelassenen". – **argumentum:** „Beweis".

26.1 **Faenus agitare:** „mit Geld handeln". – **in usuras extendere:** „(das Geld) durch Zinsen vergrößern". – **ignotum:** Zu ergänzen ist *est* (anders als in Rom). – **magis serva⟨n⟩tur:** Einige Herausgeber, wie z. B. Önnerfors 1983, 17, ergänzen ein -n- im handschriftlich überlieferten *servatur,* sodass die *Germani* Subjekt von *servantur* sind („sie werden besser davor bewahrt"). Behält man, wie manche Herausgeber, *servatur* bei, ist *faenus agitare ... extendere* Subjekt, wobei *servatur* für *observatur* stehen könnte („nimmt man sich mehr davor in Acht", vgl. z. B. Anderson 1938, 132 und Mariotti 1981, 227); sinnvoller scheint in diesem Fall jedoch die Übersetzung von Städele [2]2001, 109, zu sein: „ist man dagegen besser gefeit".

26.2 **pro numero cultorum:** „nach der Anzahl der Bebauer". – **in vicem:** „der Reihe nach"; die Handschriften bieten verschiedene Versionen *(in vices, invices, invicem, vicis),* die von den Herausgebern unterschiedlich eingeschätzt wurden (vgl. Rives 1999, 222 f.); für *in vicem* spricht, dass es bei Tacitus häufiger vorkommt (Anderson 1938, 134). Gehört *in vicem* zu *agri,* bedeutet dies, dass die Äcker der Reihe nach in Besitz genommen werden; bezieht man es auf die Germanen, ist gemeint, dass die Äcker zum allgemeinen Nutzen in Besitz genommen werden (vgl. u. a. Lund 1988, 180, der *in vicem* durch *in usum* [„zum Gebrauch] ersetzt). – **secundum dignationem:** „ihrem Rang entsprechend". – **camporum spatia:** „das weiträumige Ackerland".

26.3 **Arva ... mutant:** Laut Perl 1990, 202, handelt es sich hier nicht um eine Fruchtwechselwirtschaft, sondern um eine „wilde[r] Feld-Gras-Wirtschaft". Allerdings würde die stetige neue Landnahme nur bei einem (halb-)nomadischen Volk Sinn ergeben; zudem spricht der archäologische Befund gegen einen ständigen Wechsel (und gegen Caesars Aussage im *Bellum Gallicum* 4,1,7, dass die Felder nicht in Privathand seien; vgl. Rives 1999, 221 f.); tatsächlich ist die Bedeutung der Stelle sehr umstritten. – **ager:** das Ackerland im Unterschied zu den einzelnen Äckern *(arva).* – **Nec ... contendunt:** „sie ringen nicht mühevoll mit", d. h. sie betreiben die Landwirtschaft nicht so intensiv wie die Römer. – **separent:** *separare* hier „abgrenzen". – **seges:** „Saat", hier „Getreide". – **imperatur:** *imperare* hier „abverlangen".

26.4 **in totidem ... species:** gemeint ist, wie in Rom; *species* hier „Abschnitte". – **intellectum:** hier „Begriff". – **perinde ... ignorantur:** Sachlich wohl falsch; „Herbst" ist ein indogermanisches Wort und mit griechisch καρπός („Frucht") verwandt. – **perinde ... ac:** „ebenso (wenig) ... wie".

Kapitel 27: Bestattung der Toten; Übergang zum zweiten Teil des Werkes

Funerum nulla ambitio; id solum observatur, ut corpora clarorum virorum certis lignis crementur. Struem rogi nec vestibus nec odoribus cumulant; sua cuique arma, quorundam igni et equus adicitur. Sepulcrum caespes erigit: Monumentorum arduum et operosum honorem ut gravem defunctis aspernantur. Lamenta ac lacrimas cito, dolorem et tristitiam tarde ponunt. Feminis lugere honestum est, viris meminisse.

(2) Haec in commune de omnium Germanorum origine ac moribus accepimus. Nunc singularum gentium instituta ritusque quatenus differant quaeque nationes e Germania in Gallias commigraverint, expediam.

27.1 **ambitio:** „Prunk"; zu ergänzen ist *est.* Wieder ist der Vergleich mit den Römern impliziert, deren Begräbnisse – natürlich nur innerhalb wohlhabender Familien – prunkvoll gestaltet wurden. – **crementur:** Die Germanen kannten sowohl die Erd- als auch die Feuerbestattung, wie die archäologischen Funde zeigen (siehe Perl 1990, 204 f.). – **Struem rogi:** „Scheiterhaufen". – **vestibus:** *vestis* hier „Teppich". – **odoribus:** „Räucherwerk". – **cumulant:** *cumulare* hier „überhäufen mit". – **arma ... equus ... caespes:** Grabbeigaben wie Waffen sowie Hügelgräber sind selten und Pferde zudem erst später nachgewiesen (zum Thema Grabbeigaben siehe Fischer 1991, 2242–2254). – **quorundam igni adicitur:** wörtlich „dem Feuer mancher wird ... beigegeben". – **ut gravem defunctis:** Vgl. dazu die römische Grabinschrift *Sit tibi terra levis* (siehe Lund 1988, 183). – **Sepulcrum ... erigit:** „Ein Rasenhügel bildet das Grabmal". – **arduum et operosum:** Die beiden Adjektive gehören vom Sinn her zu *Monumentorum;* wir haben es also mit einer Enallage (dazu 17.2) zu tun. – **honorem:** „die Ehrung durch".

27.2 **in commune:** „im Allgemeinen". – **expediam:** Futur, das unter Umständen ein Wollen zum Ausdruck bringen kann (Menge ^{2}2005, § 133,2).

Teil 2: Kapitel 28–46: Die einzelnen Stämme im Besonderen

Kapitel 28–29: Grenzstämme im Westen und Süden

Kapitel 28: Fremde Stämme in Germanien und germanische Stämme in Gallien (Helvetier, Boier, Aravisker, Osen, Treverer, Nervier, Vangionen, Triboker, Nemeter, Ubier)

Validiores olim Gallorum res fuisse summus auctorum divus Iulius tradit, eoque credibile est etiam Gallos in Germaniam transgressos. Quantulum enim amnis obstabat, quominus, ut quaeque gens evaluerat, occuparet permutaretque sedes promiscuas adhuc et nulla regnorum potentia divisas? (2) Igitur inter Hercyniam silvam Rhenumque et Moenum amnes Helvetii, ulteriora Boii, Gallica utraque gens, tenuere. Manet adhuc Boihaemi nomen significatque loci veterem memoriam quamvis mutatis cultoribus. (3) Sed utrum Aravisci in Pannoniam ab Osis, Germanorum natione, an Osi ab Araviscis in Germaniam commigraverint, cum eodem adhuc sermone institutis moribus utantur, incertum est, quia pari olim inopia ac libertate eadem utriusque

---

Hier ist anzumerken, dass es sich bei diesen ethnischen Gruppen, die Tacitus im Folgenden als Stämme anführt (und recht unterschiedslos als gentes, nationes, populi oder civitates bezeichnet), nicht um „distinct units with ethnic self-consciousness, defined territories, and historical continuity" handelt. Sie können auch nicht mit den archäologisch nachweisbaren Kulturen gleichgesetzt werden, wie Rives 1999, 227, schreibt.

Mit dem zweiten Absatz von Kapitel 27 leitet Tacitus vom ersten, allgemein gehaltenen Teil zum zweiten über, in welchem er auf die einzelnen Stämme eingeht. Er beginnt in den Kapiteln 28–29 mit den Stämmen an den westlichen und südlichen Grenzen Germaniens: Vermutlich sind gallische Stämme nach Germanien gewandert, und umgekehrt, germanische Stämme nach Gallien. Unter letzteren zeichnen sich besonders die Bataver, die wie die Mattiaker in einem römischen Abhängigkeitsverhältnis stehen, durch Tapferkeit aus.

28.1 **Validiores ... fuisse:** nämlich *quam Germanorum res;* so die irrige Annahme Caesars im *Bellum Gallicum* 6,24,1 (Städele ²2001, 356). – **res:** „Macht". – **auctorum:** *auctor* hier „Gewährsmann". – **eo:** hier „daher". – **etiam Gallos in Germaniam:** und nicht nur Germanen nach Gallien (siehe Kap. 27). – **transgressos:** Zu ergänzen ist *esse;* gemeint ist, über den Rhein. – **Quantulum:** „wie wenig"; leitet hier eine rhetorische Frage ein. – **quominus:** „dass" (nach Ausdrücken des Verhinderns). – **ut quaeque gens:** temporal, und zwar iterativ (Menge ²2005, § 460): „jedes Mal, wenn ein Stamm" (gemeint sind hier die gallischen Stämme). – **occuparet permutaretque:** Als Subjekt ist *gens* zu nehmen (im Deutschen durch ein entsprechendes Pronomen – „er" – wiederaufzunehmen). – **promiscuas:** hier „allgemein zugänglich". – **adhuc:** hier „damals noch".

28.2 **Hercyniam silvam:** Mit dem Herkynischen Wald sind die deutschen Mittelgebirge, z. B. der Schwarzwald, östlich des Rheins und nördlich der Donau gemeint. – **ulteriora:** hier „die Gebiete weiter östlich". – **tenuere:** = *tenuerunt;* hier „bewohnen" (als Objekt ist z. B. *fines* oder *loca* zu denken). – **adhuc:** „bis heute". – **Boihaemi:** Gen. explicativus („die Bezeichnung Boihaemum"; Menge ²2005, § 290). – **significat:** hier „bezeugt". – **veterem memoriam:** hier „Vorzeit". – **mutatis cultoribus:** Abl. abs. (*quamvis* verweist auf die konzessive Bedeutung; Menge ²2005, § 503–505).

ripae bona malaque erant. (4) Treveri et Nervii circa affectationem Germanicae originis ultro ambitiosi sunt, tamquam per hanc gloriam sanguinis a similitudine et inertia Gallorum separentur. Ipsam Rheni ripam haud dubie Germanorum populi colunt, Vangiones, Triboci, Nemetes. Ne Ubii quidem, quamquam Romana colonia esse meruerint ac libentius Agrippinenses conditoris sui nomine vocentur, origine erubescunt, transgressi olim et experimento fidei super ipsam Rheni ripam collocati, ut arcerent, non ut custodirentur.

Kapitel 29: Bataver, Mattiaker und Bewohner des Zehntlandes

Omnium harum gentium virtute praecipui Batavi non multum ex ripa, sed insulam Rheni amnis colunt, Chattorum quondam populus et seditione domestica in eas sedes transgressus, in quibus pars Romani imperii fierent. Manet honos et antiquae societatis insigne; nam nec tributis contemnuntur nec publicanus atterit; exempti oneribus et collationibus et tantum in usum proeliorum sepositi, velut tela atque arma, bellis reservantur. (2) Est in eodem obsequio et Mattiacorum gens; protulit enim magnitudo populi Romani ultra Rhenum ultraque veteres terminos imperii reverentiam. Ita sede finibusque in

---

28.3 **Germanorum natione:** Gemäß Kap. 43,1 sind die Oser keine Germanen *(Osos Pannonica lingua coarguit non esse Germanos);* Lund 1988, 186 f., erklärt diese Inkonsistenz damit, dass *natione* hier „lokalen Sinn" habe, also nicht die Abstammung meine; andere Herausgeber vermuten hinter der Apposition eine Randglosse (etwa *Germanorum nationes*), die beim Abschreiben irrtümlich in den Text gerutscht sei (vgl. Städele [2]2001, 358). – **adhuc:** „noch heute". – **pari … libertate:** „bei gleicher Armut und Ungebundenheit". – **ripae:** Gemeint sind die Ufer der Donau. – **bona malaque:** „Vor- und Nachteile".

28.4 **circa affectationem:** „bezüglich ihres Anspruchs". – **ultro:** hier „allzusehr". – **gloriam sanguinis:** „ruhmvolle Abstammung". – **a similitudine et inertia:** „von der Ähnlichkeit mit den schlaffen Galliern". – **colunt:** = hier *incolunt.* – **quamquam:** bei Tacitus überwiegend mit dem Konjunktiv verbunden (Lund 1988, 187). – **Romana colonia:** nämlich die *Colonia Claudia Ara Agrippinensium,* die unter dem Namen von Kaiser Claudius' Frau Agrippina gegründet wurde und dem heutigen Köln entspricht. – **nomine:** „nach dem Namen". – **origine:** kausaler Ablativ (Menge [2]2005, § 379) zu *erubescunt.* Beim Lesen kann hier ein Strichpunkt gesetzt werden. – **experimento fidei:** Abl. causae („weil sich ihre Treue bewährt hatte"). – **super:** „unmittelbar am". – **arcerent:** Ergänze *Germanos.*

29.1 **ex ripa:** statt partitivem *ripae* (*non … ripa:* „einen kleinen Teil des Ufers"). – **insulam:** eine Insel in der Rheinmündung. – **colunt:** wie in 28.4. – **in quibus … fierent:** Relativsatz mit finalem Konjunktiv („in welchen sie … werden sollten"; Menge [2]2005, § 592,1d). Die Bataver standen ab ca. 12 v. Chr. in Roms Abhängigkeit (siehe Dietz 1997, 491 f.). – **atterit:** Zu ergänzen ist *eos.* – **nam nec … collationibus:** im Gegensatz zu anderen Provinzen, die über Steuerpächter Geld an Rom abliefern mussten. – **bellis:** Dat. finalis (Menge [2]2005, § 332–334).

sua ripa, mente animoque nobiscum agunt, cetera similes Batavis, nisi quod ipso adhuc terrae suae solo et caelo acrius animantur.

(3) Non numeraverim inter Germaniae populos, quamquam trans Rhenum Danuviumque consederint, eos qui †Decumates† agros exercent. Levissimus quisque Gallorum et inopia audax dubiae possessionis solum occupavere; mox limite acto promotisque praesidiis sinus imperii et pars provinciae habentur.

29.2 **obsequio:** „Abhängigkeitsverhältnis". – **protulit … reverentiam:** Gemeint sind hier laut Städele [2]2001, 360 f., Domitians Vorstöße gegen die Chatten und die Einrichtung der Verwaltungseinheit *Germania superior,* u. a. auf dem Gebiet der Mattiaker rechts des Rheins. – **imperii:** Gen. obiectivus zu *reverentiam* (Menge [2]2005, § 308–315). – **in sua ripa:** Damit ist die rechte Rheinseite gemeint. – **sede finibusque** bzw. **mente animoque:** zu übersetzen jeweils mit „was … betrifft". – **agunt:** nämlich *vitam* („sie leben"). – **cetera:** = *ceterum.* – **solo et caelo:** gemäß der antiken Theorie, dass Bodenbeschaffenheit und Klima Gemüt, Charakter und Gesundheitszustand prägten.

29.3 **numeraverim:** Potentialis der Gegenwart (Menge [2]2005, § 116). – **quamquam:** mit Konjunktiv (siehe 28.4). – **Decumates:** Ob die Stelle vielleicht korrupt ist, ist nicht mit Sicherheit festzustellen; Lund 1988, 189 f., etwa versucht eine Heilung, indem er vorschlägt, das Wort durch *desertos* (im Sinne von *relictos*) zu ersetzen; die Herausgeber, die bei *Decumates* bleiben, interpretieren und übersetzen es als „Zehntland", was ein pachtzinspflichtes Land bezeichnen würde (z. B. Fuhrmann 1997, 44; weitere Heilungsvorschläge nennt Rives 1999, 242 f.). – **exercent:** *exercere* hier „bebauen". – **dubiae … solum:** „Land unsicheren Eigentumsrechts" (sicher wurden die Besitzverhältnisse erst nach der Aneignung dieses Landstriches durch die Römer [vgl. Anderson 1938, 149]). – **limite … praesidiis:** nämlich durch die Römer. Zur Frage, welcher Grenzwall gemeint sein könnte, siehe Lund 1988, 191, der vermutet, dass es sich hierbei um die Grenzziehung *nach* Domitians Vorstößen handelt. – **limite acto:** „nach Anlage eines Grenzwalls". – **sinus:** hier „Vorposten". – **provinciae:** Gemeint ist die *Germania superior.*

Kapitel 30–34: Weitere Stämme im Westen

Kapitel 30: Chatten

Ultra hos Chatti initium sedis ab Hercynio saltu inchoant, non ita effusis ac palustribus locis, ut ceterae civitates, in quas Germania patescit; durant siquidem colles, paulatim rarescunt, et Chattos suos saltus Hercynius prosequitur simul atque deponit. (2) Duriora genti corpora, stricti artus, minax vultus et maior animi vigor. Multum, ut inter Germanos, rationis ac sollertiae: praeponere electos, audire praepositos, nosse ordines, intellegere occasiones, differre impetus, disponere diem, vallare noctem, fortunam inter dubia, virtutem inter certa numerare, quodque rarissimum nec nisi Romanae disciplinae concessum, plus reponere in duce quam in exercitu. (3) Omne robur in pedite, quem super arma ferramentis quoque et copiis onerant: Alios ad proelium ire videas, Chattos ad bellum. Rari excursus et fortuita pugna. Equestrium sane virium id proprium, cito parare victoriam, cito cedere: Velocitas iuxta formidinem, cunctatio propior constantiae est.

Den Chatten widmet Tacitus gleich zwei Kapitel: Sie unterscheiden sich von anderen Stämmen dadurch, dass sie eine kräftigere Konstitution haben und geistig fitter sind; dies macht sich im kriegerischen Kontext – in dem sie ihre Verwirklichung finden – durchaus bezahlt. In den Kapiteln 32 bis 34 werden weitere Stämme, die im Westen siedeln besprochen: So zeichnen sich etwa die Tenkterer durch ihre hervorragende Reiterei aus, die Brukterer fielen einem Genozid zum Opfer und am Meer, das die Römer bereits befahren hatten, soll es nahe dem Gebiet der Friesen Säulen des Herkules geben.

30.1 **initium ... inchoant:** Pleonasmus. – **Hercynio saltu:** siehe dazu 28.2 (allerdings scheint sich hier um einen anderen geographischen Bereich zu handeln [vgl. Rives 1999, 248]). – **effusis ... locis:** Abl. loci (Menge ^{2}2005, § 388); ein Prädikat wie *sedent* oder *agunt* wäre zu ergänzen („sie wohnen in Gegenden, die nicht so eben und sumpfig sind"; vgl. Anderson, 1938, 151, laut dem der vorausgehende Satzteil *sedent* impliziert). – **durant:** „dauern an". – **paulatim:** hier „nur allmählich". – **deponit:** hier „setzt sie ab" (Mariotti 1981, 234, vergleicht den Herkynischen Wald hier mit einer Mutter, die ihre Kinder die ganze Reise über trägt und dann absetzt).

30.2 **maior ... vigor:** gemeint ist, als bei den anderen Germanen. – **Multum ... sollertiae:** Ergänze *iis est.* – **ut ... Germanos:** einschränkendes *ut* („für Germanen"). – **rationis ac sollertiae:** „Umsicht und Geschick". – **praeponere ... reponere:** deskriptive Inf. („sie stellen ... an die Spitze, ..."; vgl. Menge ^{2}2005, § 189). – **nosse ordines:** „kennen die Schlachtordnung". – **vallare noctem:** = *noctu castra vallare.* – **rarissimum ... concessum:** Ergänze *est.* – **reponere:** hier „sich verlassen auf".

30.3 **robur:** Ergänze *est* oder *consistit.* – **super:** = hier *praeter.* – **videas:** Potentialis („kann man ... sehen"; Menge ^{2}2005, § 116). – **Rari ... pugna:** Nach *pugna* ist *rara est* zu ergänzen. – **Equestrium ... cedere:** Die hier angesprochene und im Folgenden negativ bewertete Schnelligkeit kann ja bei den Chatten ausgeschlossen werden, da sie nicht auf die Reiterei, sondern auf die Fußsoldaten setzen. – **proprium:** Ergänze *est.* – **cunctatio ... est:** mit adversativem Sinn.

Kapitel 31: Kriegerische Bräuche der Chatten

Et aliis Germanorum populis usurpatum raro et privata cuiusque audentia apud Chattos in consensum vertit, ut primum adoleverint, crinem barbamque submittere, nec nisi hoste caeso exuere votivum obligatumque virtuti oris habitum. Super sanguinem et spolia revelant frontem, seque tum demum pretia nascendi rettulisse dignosque patria ac parentibus ferunt: Ignavis et imbellibus manet squalor. (2) Fortissimus quisque ferreum insuper anulum (ignominiosum id genti) velut vinculum gestat, donec se caede hostis absolvat. Plurimis Chattorum hic placet habitus, iamque canent insignes et hostibus simul suisque monstrati. (3) Omnium penes hos initia pugnarum; haec prima semper acies, visu nova; nam ne in pace quidem vultu mitiore mansuescunt. Nulli domus aut ager aut aliqua cura: Prout ad quemque venere, aluntur, prodigi alieni, contemptores sui, donec exsanguis senectus tam durae virtuti impares faciat.

Kapitel 32: Usiper und Tenkterer

Proximi Chattis certum iam alveo Rhenum, quique terminus esse sufficiat, Usipi ac Tencteri colunt. Tencteri super solitum bellorum decus equestris disciplinae arte praecellunt, nec maior apud Chattos peditum laus quam Tencteris equitum. Sic instituere maiores; posteri imitantur. Hi lusus infantium, haec iuvenum aemulatio; perseverant senes. Inter familiam et penates

---

31.1 **Et ... submittere ... exuere:** Der Satz lässt sich folgendermaßen aufschlüsseln: *Et (= etiam) ... usurpatum* steht für *id, quod etiam ab aliis Germanorum populis usurpatum est,* nämlich *crinem ... submittere* und *exuere ... habitum* (Apposition), Hauptsatz: *apud Chattos in consensum vertit.* – **populis:** Dat. auctoris (Menge [2]2005, § 331). – **audentia:** Abl. causae (Menge [2]2005, § 379). – **vertit:** = *versum est.* – **adoleverint:** obliquer Konj., da der Nebensatz von einem Inf. *(submittere)* ist (Menge [2]2005, § 456,3). – **submittere:** hier „wild wachsen lassen". – **oris habitum:** hier „Bart- und Haartracht". – **pretia nascendi rettulisse:** Die Handschriften überliefern *noscendi* bzw. *nascendi,* wobei die Herausgeber in den meisten Fällen das letztere vorziehen; so übersetzt etwa Städele [2]2001, 115: „sie hätten ... den Preis für ihr Dasein entrichtet", und erklärt 364 f., dass darunter vielleicht zu verstehen sei, dass die Natur „für ein werdendes Leben als Ausgleich und Opfer ein anderes" einfordere; andere wie Lund 1988, 197 f., schließen hingegen beide Lesarten aus. – **dignosque:** Ergänze *esse.*

31.2 **ignominiosum:** anders als bei den Römern (vgl. Lund 1988, 198). – **iamque canent insignes:** „und sie ergrauen sogar so gekennzeichnet" (d. h. sie lassen Haar und Bart, nachdem sie ihren ersten Feind getötet haben, wieder wachsen [siehe Anderson 1938, 156]). – **monstrati:** hier „auffällig für" (wobei *hostibus* und *suis* eigentlich Dat. auctoris, abhängig von *monstrati,* sind [Menge [2]2005, § 331]).

31.3 **visu nova:** „ungewöhnlich anzusehen" (*visu:* Supin). – **nam:** Hier ist ein Gedanke einzufügen wie etwa „Dies ist nicht nur im Krieg der Fall" (vgl. Anderson 1938, 156, der vor *nam* Folgendes ergänzt: „they are always available for war"). – **Nulli ... cura:** Ergänze *est* (*aliqua* steht für *alicuius rei*). – **donec:** mit Konjunktiv (siehe 1.2).

et iura successionum equi traduntur: Excipit filius, non ut cetera, maximus natu, sed prout ferox bello et melior.

Kapitel 33: Brukterer, Chamaver und Angrivarier

Iuxta Tencteros Bructeri olim occurrebant; nunc Chamavos et Angrivarios immigrasse narratur, pulsis Bructeris ac penitus excisis vicinarum consensu nationum, seu superbiae odio seu praedae dulcedine seu favore quodam erga nos deorum; nam ne spectaculo quidem proelii invidere: Super sexaginta milia non armis telisque Romanis, sed, quod magnificentius est, oblectationi oculisque ceciderunt. (2) Maneat, quaeso, duretque gentibus, si non amor nostri, at certe odium sui, quando urgentibus imperii fatis nihil iam praestare fortuna maius potest quam hostium discordiam.

---

32 **certum ... quique:** *-que* verbindet die beiden näheren Angaben zum Rhein. – **certum iam alveo:** „der schon in einem festen Bett fließt" (anders als im Mündungsgebiet). – **Rhenum ... colunt:** „wohnen am Rhein". – **quique ... sufficiat:** Relativsatz mit konsekutivem Sinn („von der Art, dass" bzw. „sodass" [Menge [2]2005, § 592,1g]). – **Hi ... aemulatio:** Ergänze *sunt* bzw. *est*. – **inter:** hier „zusammen mit". – **familiam:** hier „Personal". – **penates:** hier „Haus und Hof". – **iura successionum:** eventuell Erbgegenstände. – **ferox ... melior:** Ergänze *alquis est.*

33.1 **narratur:** mit AcI nachklassisch. – **odio ... dulcedine ... favore:** Abl. causae (Menge [2]2005, § 379). – **praedae dulcedine:** „aus Beutelust". – **spectaculo:** Dass sich Germanen gegenseitig dezimierten, also, ohne dass sich die Römer selbst die Finger schmutzig machen mussten, stellt Tacitus hier als Spektakel dar, das von den Römern (vermutlich in der Nähe von Xanten) mit Vergnügen beobachtet werden konnte (vgl. auch Rives 1999, 257 f.). – **invidere:** = *inviderunt;* zu ergänzen ist *nobis* (Subjekt: *dei*). – **armis telisque/oblectationi oculisque:** Inkonzinnität. – **oblectationi oculisque:** Dat. finales (Menge [2]2005, § 332–334).

33.2 **gentibus:** Gemeint sind die germanischen Stämme. – **odium sui:** „gegenseitiger Hass". – **quando:** hier kausal. – **urgentibus ... fatis:** Diese Stelle geht auf einer Konjektur des Humanisten Beatus Rhenanus zurück, die er auf Basis verschiedener handschriftlicher Varianten wie *urgentibus iam, ingentibus* oder *in gentibus* vorgenommen hat; grammatikalisch handelt es sich dabei entweder um einen Ablativus absolutus oder um einen Dativ, der von *praestare* abhängig ist (vgl. auch Rives 1999, 258) – damit wird also zunächst nur neutral angemerkt, dass das „Schicksal des Reiches drängt". Die Stelle ist in der Forschung unterschiedlich interpretiert worden, entweder in einem positiven Sinn, auf die Eroberung der Welt durch die Römer bezogen („da das Schicksal des Imperiums uns vorwärts treibt", nämlich die Germanen bzw. die Welt zu erobern [Lund 1988, 202]) oder negativ, auf den Untergang des römischen Reiches bezogen (also etwa „da das Schicksal unser Reich bedrängt"; dazu etwa Beck 1998, 124–146); eine ausführlichere Auseinandersetzung mit dieser Frage findet sich z. B. bei Timpe 1995, 203–228.

Kapitel 34: Dulgubiner, Chasuarier und Friesen

Angrivarios et Chamavos a tergo Dulgubini et Chasuarii cludunt aliaeque gentes haud perinde memoratae, a fronte Frisii excipiunt. Maioribus minoribusque Frisiis vocabulum est ex modo virium. Utraeque nationes usque ad Oceanum Rheno praetexuntur ambiuntque immensos insuper lacus et Romanis classibus navigatos. (2) Ipsum quin etiam Oceanum illa temptavimus, et superesse adhuc Herculis columnas fama vulgavit, sive adiit Hercules, seu quicquid ubique magnificum est, in claritatem eius referre consensimus. Nec defuit audentia Druso Germanico, sed obstitit Oceanus in se simul atque in Herculem inquiri. Mox nemo temptavit, sanctiusque ac reverentius visum de actis deorum credere quam scire.

34.1 **a tergo:** im Süden bzw. Südosten (vgl. Much [3]1967, 401). – **haud perinde:** „nicht besonders". – **a fronte:** im Norden bzw. Nordwesten (vgl. Much [3]1967, 401). – **Utraeque nationes:** hier statt *utraque natio* (mit Singular des Prädikats; Menge [2]2005, § 101). – **lacus:** u. a. wohl der heute nicht mehr existierende Flevo-See (Mariotti 1981, 240). – **Romanis … navigatos:** z. B. unter Nero Claudius Drusus Germanicus 12 v. Chr. (siehe 34.2). – **Romanis classibus:** Dat. auctoris (Menge [2]2005, § 331).

34.2 **illa:** Ergänze *parte* („dort"). – **temptavimus:** hier „wir wagten uns hinaus". – **Herculis columnas:** Nicht nur an der Straße von Gibraltar soll Herkules Säulen gesetzt haben (siehe auch 3.1), sondern auch an verschiedenen anderen geographisch interessanten Stellen, wie etwa hier an der Nordsee (vgl. Rives 1999, 263 f.). – **Druso Germanico:** Nero Claudius Drusus Germanicus, bekannt für seine Feldzüge gegen die Germanen in den Jahren 12 bis 9 v. Chr. – obstitit: Die Konstruktion mit Infinitiv ist ungewöhnlich, und bei Tacitus nur hier zu finden (Mariotti 1981, 241). – **visum:** Ergänze *est.*

Kapitel 35–37: Stämme im Norden

Kapitel 35: Chauken

Hactenus in occidentem Germaniam novimus; in septentrionem ingenti flexu re⟨ce⟩dit. Ac primo statim Chaucorum gens, quamquam incipiat a Frisiis ac partem litoris occupet, omnium quas exposui gentium lateribus obtenditur, donec in Chattos usque sinuetur. Tam immensum terrarum spatium non tenent tantum Chauci, sed et implent, populus inter Germanos nobilissimus, quique magnitudinem suam malit iustitia tueri. (2) Sine cupiditate, sine impotentia, quieti secretique nulla provocant bella, nullis raptibus aut latrociniis populantur. Id praecipuum virtutis ac virium argumentum est, quod, ut superiores agant, non per iniurias assequuntur; prompta tamen omnibus arma ac, si res poscat, exercitus, plurimum virorum equorumque; et quiescentibus eadem fama.

Kapitel 36: Cherusker und Foser

In latere Chaucorum Chattorumque Cherusci nimiam ac marcentem diu pacem illacessiti nutrierunt; idque iucundius quam tutius fuit, quia inter impotentes et validos falso quiescas: Ubi manu agitur, modestia ac probitas nomina superioris sunt. Ita qui olim boni aequique Cherusci, nunc inertes ac stulti vocantur; Chattis victoribus fortuna in sapientiam cessit. (2) Tracti

---

Auf die sehr positive Darstellung der Chauken, die ein größeres Gebiet im Norden dicht bvölkern (Kap. 35), folgt eine negative Zeichnung der Cherusker, die ihren Untergang durch einen lang andauernden und ermattenden Frieden selbst vorprogammiert haben (Kap. 36). In Kapitel 37 kommt Tacitus auf die Kimbern zu sprechen, die den Römern in kriegerischen Auseinandersetzungen immer wieder große Verluste zufügten.

35.1 **ingenti flexu:** Damit ist wohl eine Bucht und weniger eine Halbinsel (in diesem Fall Jütland) gemeint (vgl. dazu Lund 1988, 204). – **re⟨ce⟩dit:** Die Handschriften überliefern *redit*, das zuerst von Heraeus 1880 durch *recedit* ersetzt wurde; übersetzt werden kann es mit „weicht zurück" (Städele [2]2001, 119). – **quamquam:** mit Konjunktiv (siehe 28.4). – **donec:** mit Konjunktiv (siehe 1.2). – **in ... usque:** = *usque ad*. – **populus ... tueri:** *populus* wird durch ein Adjektiv einerseits *(nobilissimus)* und einen konsekutiven Relativsatz andererseits (*quique:* = *et qui* [„von der Art, dass"], Menge [2]2005, § 592,1d) näher bestimmt (wodurch sich ein weiteres Beispiel für Inkonzinnität bei Tacitus ergibt).

35.2 **impotentia:** hier „Herrschsucht". – **ut:** hier konsekutiv. – **agant:** hier = *sint*. – **per iniurias:** statt Abl. instrumenti (Menge [2]2005, § 376–386). – **prompta ... fama:** Zu ergänzen ist jeweils *sunt* bzw. *est*. – **poscat:** Potentialis (Menge [2]2005, § 116). – **plurimum:** entweder Nominativ als Apposition zu *exercitus* („eine Menge") oder Genitiv (*plurimorum;* in diesem Fall ohne Komma nach *exercitus*). – **quiescentibus:** Ergänze *iis*.

36.1 **Cherusci:** Tacitus lässt den Sieg der Cherusker unter Arminius über die Römer (9 n. Chr., Schlacht im Teutoburger Wald) hier noch unerwähnt (anders als in 37.4). – **marcentem:** hier „schlaff machend". – **iucundius quam tutius:** = *magis iucundum quam tutum*. – **quiescas:** Potentialis (Menge [2]2005, § 116). – **ubi manu agitur:** „Wo es zu Gewalt kommt". –

ruina Cheruscorum et Fosi, contermina gens: Adversarum rerum ex aequo socii sunt, cum in secundis minores fuissent.

Kapitel 37: Kimbern; frühere Kämpfe zwischen Römern und Germanen

Eundem Germaniae sinum proximi Oceano Cimbri tenent, parva nunc civitas, sed gloria ingens. Veterisque famae lata vestigia manent, utraque ripa castra ac spatia, quorum ambitu nunc quoque metiaris molem manusque gentis et tam magni exitus fidem.

(2) Sescentesimum et quadragesimum annum urbs nostra agebat, cum primum Cimbrorum audita sunt arma, Caecilio Metello et Papirio Carbone consulibus. Ex quo si ad alterum imperatoris Traiani consulatum computemus, ducenti ferme et decem anni colliguntur: Tam diu Germania vincitur. (3) Medio tam longi aevi spatio multa in vicem damna. Non Samnis, non Poeni, non Hispaniae Galliaeve, ne Parthi quidem saepius admonuere: Quippe regno Arsacis acrior est Germanorum libertas. Quid enim aliud nobis quam caedem Crassi, amisso et ipse Pacoro, infra Ventidium deiectus Oriens obiecerit? (4) At Germani Carbone et Cassio et Scauro Aurelio et Servilio Caepione

---

nomina: hier „Bezeichnungen“ (die Codices überliefern übrigens *nomine*). – **Chattis ... cessit:** eine Fehlbenennung, da die Chatten nur Glück hatten, aber trotzdem als *sapientes* galten.

36.2 **et:** = *etiam*. – **adversarum rerum ... in secundis:** Inkonzinnität. – **cum:** adversativ.

37.1 **sinum:** Damit ist die in Kap. 35.1. erwähnte Bucht (oder Halbinsel) gemeint. – **Cimbri:** Die Kimbern waren ca. 120 v. Chr. von Jütland aus zusammen mit den Teutonen nach Süden gewandert, wo sie 113 bei Noreia (in der heutigen Steiermark in Österreich) die Römer in einer Schlacht besiegten, ihrerseits aber in den Schlachten bei Aquae Sextiae (102 v. Chr.) und Vercellae bei Verona (101 v. Chr.) von den Römern geschlagen wurden (siehe Dietz 1997, 1203–1205). – **gloria:** Abl. limitationis (Menge [2]2005, § 381). – **castra ac spatia:** Hendiadyoin („geräumige Lager“). – **utraque ripa:** reiner Abl. loci statt *in* + Abl. Damit sind entweder die Ufer des Rheins oder die Ufer von Rhein und Donau als Grenzen des Imperiums zu den Germanen gemeint (vgl. Anderson 1938, 107 und 173). – **metiaris:** Potentialis (Menge [2]2005, § 116). – **manusque:** hier „Arbeitsleistung“. – **exitus:** hier „Auswanderung“. – **fidem:** hier „Bestätigung“ (als Prädikat würde eher *capias* oder *invenias* passen).

37.2 **Caecilio Metello et Papirio Carbone consulibus:** Konsuln des Jahres 113 v. Chr. (Rives 1999, 273); offiziell wurden die Jahreszahlen in Rom durch Nennung der jeweils amtierenden Konsuln angegeben. – **alterum ... Traiani consulatum:** im Jahr 98 n. Chr. – **Tam ... vincitur:** ironisch gemeint.

37.3 **medio ... spatio:** „während dieses so langen Zeitraums“. – **damna:** Ergänze *fuerunt*. – **Samnis:** kollektiver Singular (Menge [2]2005, § 6). Die Kriege zwischen den Römern und den Samniten, einem Stamm in Mittelitalien, dauerten von 343–272 v. Chr. (siehe Vanotti 2001, 13–16). – **Poeni:** Römer und Karthager bekämpften sich in drei Kriegen zwischen den Jahren 264 und 146 v. Chr. – **Hispaniae:** Gemeint sind die römischen Provinzen auf der Iberischen Halbinsel (Ausdehnung der Römer ab dem 2. Punischen Krieg bis zur vollständigen Einnahme 19 v. Chr.) (siehe Barceló 1998, 618–622). – **Galliae:** Einfall der Gallier 389 v. Chr.; Einrichtung von römischen Provinzen im Gebiet der Gallier zwischen ca. 125 und 51 v. Chr. (siehe Lafond 1998, 763–767). – **Parthi:** Die Auseinandersetzungen

Maximoque Mallio fusis vel captis quinque simul consularis exercitus populo Romano, Varum trisque cum eo legiones etiam Caesari abstulerunt; nec impune C. Marius in Italia, divus Iulius in Gallia, Drusus ac Nero et Germanicus in suis eos sedibus perculerunt. Mox ingentes C. Caesaris minae in ludibrium versae. (5) Inde otium, donec occasione discordiae nostrae et civilium armorum expugnatis legionum hibernis etiam Gallias affectavere; ac rursus pulsi inde proximis temporibus triumphati magis quam victi sunt.

---

zwischen Römern und Parthern dauerten bis in die Zeit des Tacitus an. – **saepius:** Gemeint ist, öfter als die Germanen. – **admonuere:** = *admonuerunt;* hier „machten auf sich aufmerksam". – **Quippe:** „denn". – **Arsacis:** Arsakes gründete um 250 v. Chr. das Partherreich (siehe Schottky 1997, 34). – **Quid ... obiecerit:** Gemeint ist, dass der Orient zwar diesen einen Sieg gegen Crassus vorweisen kann, aber seinerseits eine Niederlage einstecken musste. – **caedem Crassi:** In der Schlacht von Carrhae 53 v. Chr., die die Römer gegen die Parther verloren, kam auch M. Licinius Crassus, Mitglied des sog. Ersten Triumvirats, um (siehe Will 1999, 161 f.). – **amisso et ipse Pacoro:** *ipse* bezieht sich auf *Oriens,* bleibt aber von der umgebenden Konstruktion unbeeinflusst (vgl. Anderson 1938, 175). – **Pacoro:** parthischer Kronprinz, der 38 v. Chr. von den Römern besiegt und getötet wurde (siehe Schottky 2000, 156 f.). – **infra ... deiectus:** *infra* = hier „ab" („von Ventidius unterworfen"). – **Ventidius:** P. Ventidius Bassus, der römische Feldherr, der diese Schlacht gewann (siehe Fündling 2002, 14–16). – **obiecerit:** Potentialis der Gegenwart (Menge [2]2005, § 116).

37.4 **Carbone ... Mallio:** römische Feldherren, die in den Jahren 113–105 v. Chr. von Kimbern bzw. ihren Verbündeten in verschiedenen Schlachten vernichtend geschlagen wurden (siehe Dietz 1997, 1203–1205). – **Varum:** P. Quinctilius Varus, der 9 n. Chr. in der Schlacht im Teutoburger Wald vom Cheruskerfürsten Arminius besiegt wurde (siehe Eck 2001, 702–704). – **Caesari:** Gemeint ist Kaiser Augustus. – **C. Marius:** Siegte über die Kimbern in Vercellae (101 v. Chr.) (siehe Elvers 1999, 902–905). – **Iulius:** Caesar besiegte 58 v. Chr. die Sueben unter Ariovist. – **Drusus ac Nero et Germanicus:** Nero Claudius Drusus Germanicus, dessen Bruder Tiberius Claudius Nero, der spätere Kaiser, und Nero Claudius Germanicus, Sohn des Drusus, die zwischen 12 v. Chr. und 16 n. Chr. Germanienfeldzüge unternahmen (Rives 199, 279 f.). – **suis:** Die reflexive Form bezieht sich hier nicht auf das Subjekt des Satzes, sondern auf *eos.* – **C. Caesaris:** Gemeint ist Kaiser Caligula, der um 40 n. Chr. laut Sueton, *Caligula* 43–47, einen Scheinfeldzug gegen die Germanen inszeniert haben soll (Eck 1997, 937–939). – **versae:** Ergänze *sunt.*

37.5 **otium:** Ergänze ein Prädikat wie *fuit* oder *agitur.* – **donec ... affectavere:** Gemeint ist der Bataveraufstand 69/70 n. Chr., der in der *Germania inferior* und in Gallien stattfand (siehe Dietz 1997, 488–491), als in Rom nach Neros Tod um die Herrschaft gekämpft wurde (sog. Vier-Kaiser-Jahr) (siehe Eder 2002, 204 f.). – **affectavere:** = *affectaverunt.* – **triumphati ... victi sunt:** vermutlich ein Seitenhieb auf Domitians Chattenfeldzug 83 n. Chr. (vgl. Lund 1988, 209).

Kapitel 38–46: Sueben und Grenzvölker im Osten

Kapitel 38: Sueben

Nunc de Suebis dicendum est, quorum non una, ut Chattorum Tencterorumve, gens; maiorem enim Germaniae partem obtinent, propriis adhuc nationibus nominibusque discreti, quamquam in commune Suebi vocentur. (2) Insigne gentis obliquare crinem nodoque substringere: Sic Suebi a ceteris Germanis, sic Sueborum ingenui a servis separantur. In aliis gentibus seu cognatione aliqua Sueborum seu, quod saepe accidit, imitatione, rarum et intra iuventae spatium, apud Suebos usque ad canitiem; horrentem capillum retro sequuntur ac saepe in ipso vertice religant; principes et ornatiorem habent. Ea cura formae, sed innoxia; neque enim ut ament amenturve: in altitudinem quandam et terrorem adituri bella comptius hostium oculis ornantur.

In diesem letzten Abschnitt des Werkes befasst sich Tacitus hauptsächlich mit den Sueben; unter dieser Bezeichnung sind mehrere Stämme zusammengefasst, deren gemeinsames Kennzeichen eine besondere Frisur, nämlich eine Art seitlich geknoteter Man Bun ist, der keiner Eitelkeit, sondern dem Bestreben, dem Feind furchterregender zu erscheinen, geschuldet ist (Kap. 38). Die nun folgenden Kapitel charakterisieren die verschiedenen Suebenstämme im Einzelnen: Die Semnonen sind ihrer Eigenwahrnehmung nach die ältesten und vornehmsten Vertreter der Sueben; ihren Ursprung zelebrieren sie mit einer rituellen Feier, die auch Menschenopfer einschließt (Kap. 39). Die Langobarden werden zwar als mengenmäßig geringer, doch als wagemutig beschrieben; die weiteren in Kapitel 40 genannten Stämme huldigen der Göttin Nerthus, die ihrem Glauben nach auf einem Wagen die Menschen besucht. Die Hermunduren stehen in einem Treueverhältnis zu den Römern und können deshalb recht weitläufige Handelsbeziehungen pflegen (Kap. 41). Narister, Markomannen und Quaden zeichnen sich durch ihre Tapferkeit aus; die beiden letzteren werden von Rom vor allem finanziell unterstützt (Kap. 42). In Kapitel 43 nennt Tacitus eine Reihe von weiteren suebischen Stämmen, unter ihnen die Naharnavaler und die Harier, die allein schon durch ihr wüstes Aussehen die Feinde erzittern lassen, sowie zwei Götterbrüder, die als Alken bezeichnet werden und ein Äquivalent zu den römischen Göttern Castor und Pollux bilden. Es folgt die Beschreibung der Gotonen, Rugier, Lemovier und Suionen; letztere zeichnen sich durch eine starke Flotte aus, deren Schiffe von unbefestigten Rudern, nicht aber durch Segel angetrieben werden, und dadurch, dass sie in einer recht strengen Monarchie leben, in der es keinen freien Zutritt zu Waffen gibt (Kap. 44). Nördlich der Suionen stößt man an das Ende der Welt, was auch Tacitus für wahr hält; es folgen die Regionen, die von den Ästiern bewohnt werden, in deren Brauchtum, Aussehen und Sprache suebische und britannische Elemente zusammenfließen und die sich u. a. dem Sammeln von Bernstein widmen; das Besondere bei den Sithonen, die im Anschluss genannt werden, ist, dass sie von einer Frau regiert werden, was für Tacitus einem Sklavendasein gleichkommt (Kap. 45). Den Abschluss bildet die Beschreibung der östlichen Grenzvölker; über die meisten davon fällt Tacitus negative Urteile.

38.1 **gens:** Ergänze *est.* – **quamquam:** mit Konjunktiv (siehe 28.4).

38.2 **insigne:** Ergänze *est.* – **obliquare ... substringere:** Gemeint ist der sog. Suebenknoten, den man auch an Moorleichen gefunden hat (z. B. an der Moorleiche von Osterby, siehe z. B. van der Sanden 1996). – **obliquare crinem:** „das Haar seitlich nach hinten streichen". – **cognatione ... imitatione:** Abl. causae (Menge [2]2005, § 379). – **rarum:** Ergänze *fieri solet.* – **iuventae:** = *iuventutis.* –**canitiem:** = *senectutem.* – **capillum retro sequuntur:** „Sie streichen das Haar nach hinten"; die Stelle *apud ... religant* erschien zahlreichen Herausgebern in mehrfacher Hinsicht als fehlerhaft, weshalb sie entsprechend konjiziert haben (um nur einige Beispiele zu nennen: Mariotti 1981, 247, nimmt nach *canitiem* eine Lacuna an, in welcher das Subjekt für *sequuntur* und *religant* stehen müsse, da es sich ja hier

Kapitel 39: Semnonen

Vetustissimos se nobilissimosque Sueborum Semnones memorant; fides antiquitatis religione firmatur. Stato tempore in silvam auguriis patrum et prisca formidine sacram omnes eiusdem sanguinis populi legationibus coeunt caesoque publice homine celebrant barbari ritus horrenda primordia. (2) Est et alia luco reverentia: Nemo nisi vinculo ligatus ingreditur, ut minor et potestatem numinis prae se ferens. Si forte prolapsus est, attolli et insurgere haud licitum: Per humum evolvuntur. Eoque omnis superstitio respicit, tamquam inde initia gentis, ibi regnator omnium deus, cetera subiecta atque parentia.

(3) Adicit auctoritatem fortuna Semnonum: Centum pagis habitant, magnoque corpore efficitur, ut se Sueborum caput credant.

Kapitel 40: Langobarden und Völker des Nerthuskultes (Reudigner, Avionen, Anglier, Variner, Eudosen, Suardonen, Nuitonen)

Contra Langobardos paucitas nobilitat: Plurimis ac valentissimis nationibus cincti non per obsequium, sed proeliis ac periclitando tuti sunt. (2) Reudigni deinde et Aviones et Anglii et Varini et Eudoses et Suardones et Nuithones fluminibus aut silvis muniuntur. Nec quicquam notabile in singulis, nisi quod in

---

nicht um die Sueben im Allgemeinen handeln könne; Lund 1988, 100 bzw. 211 f., zieht *apud … canitiem* zum nächsten Satz, schlägt als Subjekt *audentissimi* vor und ersetzt das ihm verdächtige *sequuntur* durch *erigunt;* Städele ²2001, 379, setzt keinen Beistrich nach *spatium* und nimmt nach *apud Suebos* eine Lacuna an, die sinngemäß etwa folgendermaßen gefüllt werden könnte: *usurpatum in consensum vertit,* womit der Satz endet – *usque ad canitiem* gehört somit zum nächsten Satz. – **ornatiorem:** nämlich *capillum.* – **formae:** Ergänze *est.* – **innoxia:** anders als die Römer, die ihr Haar pflegen, *ut ament amenturve* (vgl. Ovid, *Ars amatoria* 1,505–522. – **in altitudinem … terrorem:** „um größer und furchteinflößender zu wirken". – **comptius:** Die Handschriften überliefern *compti ut* bzw. *compti et;* Önnerfors und andere Herausgeber heilen die Stelle mit dem Komparativ *comptius,* während etwa Lund 1988, 100 bzw. 214, die ganze Stelle *adituri … ornantur* zwischen Cruces setzt. – **hostium oculis:** vgl. 43.4.

39.1 **fides:** hier „Glaubwürdigkeit". – **religione:** hier „durch eine religiöse Handlung". – **auguriis patrum:** „durch Weiherituale der Väter". – **formidine:** hier „durch eine fromme Scheu". – **primordia:** „Eröffnungsritual".

39.2 **ut:** Adv. („wie"). – **et potestatem … ferens:** „der die Macht der Gottheit bekundet". – **licitum:** Ergänze *est.* – **evolvuntur:** Mediopassivum („wälzen sich hinaus"). – **Eoque … respicit:** „geht darauf zurück". – **regnator omnium deus:** Städele ²2001, 380, vermutet, dass damit „der mythische göttliche Ahnherr der Semnonen gemeint" sei. – **tamquam … parentia:** Ergänze *sit* bzw. *sint.* – **regnator … deus:** Es ist nicht klar, welcher Gott hier gemeint ist (z. B. Wodan) bzw. ob Tacitus hier überhaupt an einen bestimmten Gott gedacht hat (Rives 1999, 289). – **subiecta … parentia:** Ergänze *ei.*

39.3 **Centum pagis habitant:** Die Handschriften überliefern *centum pagis habitantur,* was schwer einen Sinn ergibt; andere Herausgeber wie etwa Lund 1988, 217, konjizieren *centum pagi* ⟨*iis*⟩ *habitantur.* – **caput:** hier „Hauptstamm".

40.1 **Contra:** hier Adverb.

commune Nerthum, id est Terram matrem, colunt eamque intervenire rebus hominum, invehi populis arbitrantur.

(3) Est in insula Oceani castum nemus, dicatumque in eo vehiculum, veste contectum; attingere uni sacerdoti concessum. Is adesse penetrali deam intellegit vectamque bubus feminis multa cum veneratione prosequitur. Laeti tunc dies, festa loca, quaecumque adventu hospitioque dignatur. Non bella ineunt, non arma sumunt; clausum omne ferrum; pax et quies tunc tantum nota, tunc tantum amata, donec idem sacerdos satiatam conversatione mortalium deam templo reddat. (4) Mox vehiculum et vestes et, si credere velis, numen ipsum secreto lacu abluitur. Servi ministrant, quos statim idem lacus haurit. Arcanus hinc terror sanctaque ignorantia, quid sit illud, quod tantum perituri vident.

Kapitel 41: Hermunduren

Et haec quidem pars Sueborum in secretiora Germaniae porrigitur. Propior, ut, quo modo paulo ante Rhenum, sic nunc Danuvium sequar, Hermundurorum civitas, fida Romanis; eoque solis Germanorum non in ripa commercium, sed penitus atque in splendidissima Raetiae provinciae colonia. Passim sine custode transeunt; et, cum ceteris gentibus arma modo castraque nostra ostendamus, his domos villasque patefecimus non concupiscentibus. (2) In Hermunduris Albis oritur, flumen inclutum et notum olim; nunc tantum auditur.

Kapitel 42: Narister, Markomannen und Quaden

Iuxta Hermunduros Naristi ac deinde Marcomani et Quadi agunt. Praecipua Marcomanorum gloria viresque, atque ipsa etiam sedes pulsis olim Boiis virtute parta. Nec Naristi Quadive degenerant. Eaque Germaniae velut frons est, quatenus Danuvio peragitur. (2) Marcomanis Quadisque usque ad nostram

---

40.2 **Terram matrem:** Tacitus identifiziert Nerthus mit der römischen Fruchtbarkeitsgöttin Terra Mater (Tellus). – **invehi:** + Dat., hier „auf einem Gefährt heranfahren zu“.

40.3 **insula:** Diese Insel kann bis heute nicht identifiziert werden (vgl. Rives 1999, 295). – **castum:** hier „heilig“ (nicht von Menschen befleckt). – **concessum:** Ergänze *est.* – **adesse:** + Dat. *(penetrali).* – **Laeti ... loca:** Ergänze *sunt.* – **hospitio:** Hat hier sozusagen passiven Sinn und meint die Annahme der Gastfreundschaft. – **dignatur:** *dignari* + Abl. „würdigen durch“; Subjekt: Nerthus. – **clausum:** Ergänze *est.* – **pax ... nota:** Ergänze *est.* – **donec:** mit Konjunktiv (siehe 1.2).

40.4 **velis:** Potentialis (Menge [2]2005, § 116). – **numen ipsum:** Gemeint ist „die Göttin selbst.“ – **Arcanus ... ignorantia:** Ergänze *est.*

41.1 **quo ... Rhenum:** Ergänze *secutus sum.* – **solis:** Ergänze *iis.* – **non in ripa:** Ergänze *solum.* Mit *ripa* ist das Ufer der Donau gemeint. – **commercium:** Ergänze *concessum est.* – **Raetiae provinciae colonia:** Augsburg *(Colonia Augusta Vindelicorum).*

41.2 **Albis ... notum olim:** als die Römer, namentlich Drusus bzw. Tiberius, zwischen 9 v. Chr. und 5 n. Chr. Expeditionen bis an die Elbe unternahmen.

42.1 **agunt:** Zu ergänzen ist *vitam* („leben“). – **Praecipua:** Ergänze *sunt.* – **atque ... parta:** Zu ergänzen ist entweder *praecipua est* zu *sedes* (in diesem Fall ist *parta* ein Participium coniunctum zu *sedes*) oder *est* zu *parta* (in diesem Fall ist *parta* Prädikatsnomen: *sedes parta est*). – **frons:** „Stirnseite“ (Rom gegenüber liegend). – **peragitur:** „wird gebildet“.

memoriam reges mansere ex gente ipsorum, nobile Marobodui et Tudri genus; iam et externos patiuntur, sed vis et potentia regibus ex auctoritate Romana. Raro armis nostris, saepius pecunia iuvantur, nec minus valent.

Kapitel 43: Marsigner, Cotiner, Oser, Burier und Lugier

Retro Marsigni, Cotini, Osi, Buri terga Marcomanorum Quadorumque claudunt. E quibus Marsigni et Buri sermone cultuque Suebos referunt; Cotinos Gallica, Osos Pannonica lingua coarguit non esse Germanos, et quod tributa patiuntur. Partem tributorum Sarmatae, partem Quadi ut alienigenis imponunt; Cotini, quo magis pudeat, et ferrum effodiunt. (2) Omnesque hi populi pauca campestrium, ceterum saltus et vertices montium iugumque insederunt. Dirimit enim scinditque Suebiam continuum montium iugum, ultra quod plurimae gentes agunt, ex quibus latissime patet Lugiorum nomen in plures civitates diffusum. Valentissimas nominasse sufficiet: Harios, Helveconas, Manimos, Helysios, Nahanarvalos. (3) Apud Nahanarvalos antiquae religionis lucus ostenditur. Praesidet sacerdos muliebri ornatu, sed deos interpretatione Romana Castorem Pollucemque memorant. Ea vis numini, nomen Alcis. Nulla simulacra, nullum peregrinae superstitionis vestigium; ut fratres tamen, ut iuvenes venerantur. (4) Ceterum Harii super vires, quibus enumeratos paulo ante populos antecedunt, truces insitae feritati arte ac tempore lenocinantur: nigra scuta, tincta corpora; atras ad proelia noctes legunt ipsaque formidine atque umbra feralis exercitus terrorem inferunt, nullo hostium sustinente novum ac velut infernum aspectum; nam primi in omnibus proeliis oculi vincuntur.

42.2 **ad nostram memoriam:** „bis in unsere Zeit". – **regibus:** Ergänze *est.* – **nec ... valent:** Gemeint ist, dass sie nicht weniger stark seien, nur weil sie sich von den Römern mit Geld helfen lassen.

43.1 **quod:** faktisch („dass"; Menge [2]2005, § 540–543). – **ut alienigenis:** Stelle *iis* voran. – **quo:** = *ut eo* (final). – **pudeat:** Ergänze *eos.* Gemeint ist wohl, dass sich die Kotiner deshalb schämen sollten, weil sie Eisen zur Verfügung hätten, mit dem sie sich Waffen zur Verteidigung schmieden könnten (Städele [2]2001, 383).

43.2 **pauca campestrium:** = *pauca loca campestria.* – **ceterum:** „sonst", mit adversativem Sinn. – **insederunt:** resultatives Perfekt. – **continuum montium iugum:** Gemeint sind Erzgebirge und Sudeten. – **nominasse:** = *nominavisse,* statt Inf. Präs.

43.3 **sed:** Soll hier wohl den Gegensatz zwischen der Frauenkleidung des Priesters und den männlichen Gottheiten zum Ausdruck bringen (vgl. Lund 1988, 226). – **interpretatione Romana:** „nach römischer Auslegung". – **numini:** Ergänze *est.* Hier werden die beiden Götter als eine Gottheit gesehen; gemeint ist, dass Wesen und Zuständigkeitsbereich der beiden römischen Götter jenem der beiden Alken entspricht (vgl. Mariotti 1981, 256). – **nomen Alcis:** Dieser Teil des Satzes ist adversativ zu sehen; zu ergänzen ist *iis est; Alcis:* entweder Nom. oder Dat. Pl. („Alken"), wobei letzteres wahrscheinlicher ist, da Tacitus die Endungen germanischer Wörter sonst immer latinisiert (Anderson 1938, 200 f.). – **Nulla ... vestigium:** Ergänze *sunt* bzw. *est.*

43.4 **vires:** hier „Streitkräfte". – **tempore:** „durch die Wahl des besten Zeitpunktes". – **lenocinantur:** hier „noch steigern". – **nigra ... corpora:** Ergänze *sunt.* – **umbra:** hier „Finsternis". – **nullo hostium:** statt *nullo hoste.*

Kapitel 44: Gotonen, Rugier, Lemovier und Suionen

Trans Lygios Gotones regnantur, paulo iam adductius quam ceterae Germanorum gentes, nondum tamen supra libertatem. Protinus deinde ab Oceano Rugii et Lemovii; omniumque harum gentium insigne rotunda scuta, breves gladii et erga reges obsequium.

(2) Suionum hinc civitates ipso in Oceano praeter viros armaque classibus valent. Forma navium eo differt, quod utrimque prora paratam semper appulsui frontem agit. Nec velis ministrant nec remos in ordinem lateribus adiungunt: solutum, ut in quibusdam fluminum, et mutabile, ut res poscit, hinc vel illinc remigium. (3) Est apud illos et opibus honos, eoque unus imperitat, nullis iam exceptionibus, non precario iure parendi. Nec arma, ut apud ceteros Germanos, in promiscuo, sed clausa sub custode, et quidem servo, quia subitos hostium incursus prohibet Oceanus, otiosae porro armatorum manus facile lasciviunt. Enimvero neque nobilem neque ingenuum, ne libertinum quidem armis praeponere regia utilitas est.

Kapitel 45: Ästier und Sitonen

Trans Suionas aliud mare, pigrum ac prope immotum, quo cingi claudique terrarum orbem hinc fides, quod extremus cadentis iam solis fulgor in ortus edurat adeo clarus, ut sidera hebetet; sonum insuper emergentis audiri formasque equorum et radios capitis aspici persuasio adicit. Illuc usque (et fama vera) tantum natura.

(2) Ergo iam dextro Suebici maris litore Aestiorum gentes adluuntur, quibus ritus habitusque Sueborum, lingua Britannicae propior. Matrem deum vene-

---

44.1 **supra libertatem:** „unter Einbuße der Freiheit". – **ab Oceano:** am Ozean (gemeint ist die Ostsee).

44.2 **frontem agit:** „bildet eine Stirnseite". – **ministrant:** Handschriftlich ist *ministrantur* überliefert, das einige Herausgeber emendiert haben, mit dem Argument, dass es bei Vergil, Aen. 6,302 *(ipse ratem conto subigit velisque ministrat),* eine Parallelstelle gebe: Demnach wäre bei *ministrant velis* als Objekt *naves* zu denken („sie statten die Schiffe mit Segeln aus"), während *naves* bei *ministrantur* als Subjekt zu ergänzen wäre („die Schiffe werden mit Segeln ausgestattet"; mehr bei Lund 1988, 229f., der für *ministrantur* plädiert). – **solutum:** Ergänze *est.* – **quibusdam:** Ergänze *navibus.*

44.3 **precario:** „auf Widerruf gewährt". – **iure parendi:** „Anrecht auf Gehorsam" (Fuhrmann 1997, 61). – **in promiscuo:** Ergänze *sunt* („stehen zur Verfügung"). – **clausa:** Ergänze *sunt.* – **manus:** hier „Schar". – **regia utilitas:** „von Nutzen für einen König".

45.1 **alius mare:** vermutlich der Bottnische Meerbusen (Anderson 1938, 207). – **quo:** In der Übersetzung kann man hier einen neuen Satz beginnen (*eo orbem cingi* [AcI] *hinc fides* [*est*]; *hinc:* hier „deshalb"). Tacitus geht hier von der Vorstellung der Erde als einer Scheibe aus, die vom Meer umgeben ist. – **sonum ... natura:** Hier bezieht sich Tacitus auf die griechisch-römische Vorstellung von Helios und seinem Pferdegespann (wobei es Belege für ähnliche Vorstellungen innerhalb der germanischen Tradition gibt, vgl. Rives 1999, 316). – **sonum:** Gemeint ist vielleicht eine Art Zischen. – **persuasio:** hier „Volksglaube". – **vera ... natura:** Ergänze jeweils *est.* – **natura:** hier „Welt".

rantur. Insigne superstitionis formas aprorum gestant: Id pro armis omniumque tutela securum deae cultorem etiam inter hostis praestat. (3) Rarus ferri, frequens fustium usus. Frumenta ceterosque fructus patientius quam pro solita Germanorum inertia laborant. (4) Sed et mare scrutantur, ac soli omnium sucinum, quod ipsi glesum vocant, inter vada atque in ipso litore legunt. Nec quae natura, quaeve ratio gignat, ut barbaris, quaesitum compertumve; diu quin etiam inter cetera eiectamenta maris iacebat, donec luxuria nostra dedit nomen. Ipsis in nullo usu; rude legitur, informe perfertur, pretiumque mirantes accipiunt. (5) Sucum tamen arborum esse intellegas, quia terrena quaedam atque etiam volucria animalia plerumque interlucent, quae implicata umore mox durescente materia cluduntur. Fecundiora igitur nemora lucosque sicut Orientis secretis, ubi tura balsamaque sudantur, ita Occidentis insulis terrisque inesse crediderim, quae vicini solis radiis expressa atque liquentia in proximum mare labuntur ac vi tempestatum in adversa litora exundant. Si naturam sucini admoto igne temptes, in modum taedae accenditur alitque flammam pinguem et olentem; mox ut in picem resinamve lentescit.

(6) Suionibus Sitonum gentes continuantur. Cetera similes uno differunt, quod femina dominatur; in tantum non modo a libertate sed etiam a servitute degenerant.

Kapitel 46: Peukiner, Veneter und Fennen.

Hic Suebiae finis.

Peucinorum Venethorumque et Fennorum nationes Germanis an Sarmatis ascribam, dubito, quamquam Peucini, quos quidam Bastarnas vocant, sermone, cultu, sede ac domiciliis ut Germani agunt. Sordes omnium ac torpor procerum; conubiis mixtis nonnihil in Sarmatarum habitum foedantur. (2) Venethi multum ex moribus traxerunt; nam quicquid inter Peucinos Fennosque silva-

---

45.2 **Ergo:** hier „nun also". – **Suebici maris:** die Ostsee. – **Matrem Deum:** eine Interpretatio Romana, bei der die hier genannte Göttermutter mit der Magna Mater Kybele gleichgesetzt wird, deren Kult, ursprünglich aus Kleinasien stammend, zu Beginn des 2. Jh. v. Chr. in Rom Eingang gefunden hatte; *deum = deorum.* – **id:** auf *insigne* bezogen. – **omnium:** Gen. obiectivus (Menge [2]2005, § 308–315). – **tutela:** entweder Ablativ (mit zu ergänzendem *pro*) oder Prädikativum im Nominativ („als"). – **praestat:** = *facit.*

45.3 **Rarus ... usus:** Ergänze *est.*

45.4 **quae natura:** Ergänze *sucini sit.* – **ut barbaris:** = *iis, ut barbaris* (Dat. auctoris [Menge [2]2005, § 331]). – **dedit nomen:** „verlieh einen Wert".

45.5 **implicata:** Bezieht sich auf *animalia* (*implicari:* Mediopassivum, „in etwas geraten"), davon abhängig ist *umore; durescente* bezieht sich auf *materia.* – **secretis:** *secretum* hier „abgelegene Gegend". – **crediderim:** Potentialis der Gegenwart (Menge [2]2005, § 116). – **quae:** laut Anderson 1938, 213, ein Anakoluth, der für *quorum suci* steht.

45.6 **continuantur:** Mediopassivum („schließen sich an"). – **cetera:** Acc. Graecus („im Übrigen").

46.1 **omnium ... procerum:** Gen. possessivi (jeweils zu ergänzen ist *est;* Menge [2]2005, § 302).

rum ac montium erigitur latrociniis pererrant. Hi tamen inter Germanos potius referuntur, quia et domos figunt et scuta gestant et pedum usu ac pernicitate gaudent: Quae omnia diversa Sarmatis sunt in plaustro equoque viventibus. (3) Fennis mira feritas, foeda paupertas: non arma, non equi, non penates; victui herba, vestitui pelles, cubile humus: solae in sagittis spes, quas inopia ferri ossibus asperant. Idemque venatus viros pariter ac feminas alit; passim enim comitantur partemque praedae petunt. Nec aliud infantibus ferarum imbriumque suffugium quam ut in aliquo ramorum nexu contegantur: Huc redeunt iuvenes, hoc senum receptaculum. Sed beatius arbitrantur quam ingemere agris, illaborare domibus, suas alienasque fortunas spe metuque versare: Securi adversus homines, securi adversus deos rem difficillimam assecuti sunt, ut illis ne voto quidem opus esset.

(4) Cetera iam fabulosa: Hellusios et Oxionas ora hominum vultusque, corpora atque artus ferarum gerere; quod ego ut incompertum in medio relinquam.

46.2 **ex moribus:** Ergänze *Sarmatarum.* – **Sarmatis:** Dat. statt *a Sarmatis.*

46.3 **Fennis ... spes:** Zu ergänzen ist mehrfach *est* bzw. *sunt.* – **penates:** hier „Heim". – **victui:** Dat. finalis (Menge [2]2005, § 332–334). – **herba:** kollektiver Singular (Menge [2]2005, § 6). – **comitantur ... petunt:** Ergänze *feminae* als Subjekt. – **beatius arbitrantur:** Ergänze *id* (gemeint ist die beschriebene Lebensweise). – **agris:** = Dat. oder Abl. (statt *in agris*).

46.4 **in medio relinquam:** „will ich in der Schwebe lassen" (*relinquam* ist Futur; dieses kann auch ein Wollen ausdrücken [Menge [2]2005, § 133,2]).

Änderungen gegenüber der Ausgabe Önnerfors 1983

	Kompatscher	Önnerfors
10.1	consultetur	consulitur
10.2	sed apud proceres	apud proceres
13.2	†ceteris†	ceteris
19.1	abscisis	accisis
27.2	quaeque	quae⟨que⟩
29.3	†Decumates†	Decumates
35.1	re⟨ce⟩dit	redit
36.1	impotentes	impotentis
39.3	pagis habitant	pag⟨i⟩ is habitantur
42.1	peragitur	praecingitur
43.2	iugumque	[iugumque]

Literaturverzeichnis

Abkürzungen zitierter Werke

ANRW Aufstieg und Niedergang der römischen Welt
DNP Der Neue Pauly (hg. von Cancik et al.)
OGIS Orientis Graeci Inscriptiones Selectae

Textausgaben

Horaz: Q. Horatii Flacci opera, ed. Stefan Borsák, Leipzig 1984.

Livius: T. Livius Römische Geschichte, Gesamtausgabe, hrsg. von Hans Jürgen Hillen, 11 Bde., Düsseldorf/Zürich 1987–2007.

Orientis Graeci Inscriptiones Selectae, ed. Wilhelmus Dittenberger, 2 Bde., Leipzig 1903–1905.

Solinus: Wunder der Welt. Collectanea rerum mirabilium. Lateinisch und Deutsch, hrsg. und übersetzt von Kai Brodersen, Darmstadt 2014.

Tacitus: Cornelii Taciti de origine et situ Germanorum, ed. John G. C. Anderson, Oxford 1938.

Tacitus: P. Cornelii Taciti libri qui supersunt Tom. II, Fasc. 2: Germania. Agricola. Dialogus de oratoribus, ed. Erich Koestermann, Stuttgart ^{3}1970 (repr. 2011).

Tacitus: P. Cornelii Taciti libri qui supersunt Tom II, Fasc. 2: De origine et situ Germanorum liber, rec. Alf Önnerfors, Stuttgart 1983 (repr. 2011).

Tacitus: Cornelii Taciti opera minora, rec. Michael Winterbottom; Robert M. Ogilvie, Oxford 1975 (repr. u. a. 1992).

Kommentare

Audano, Sergio: Germania/Tacito. Saggio introduttivo, nuova traduzione e note, Santarcangelo di Romagna 2020.

Benario, Herbert W.: Tacitus, Germany – Germania. With an Introduction, Translation and Commentary, Warminster 1999.

Lund, Allan A.: P. Cornelius Tacitus. Germania. Interpretiert, herausgegeben, übertragen, kommentiert und mit einer Bibliographie versehen, Heidelberg 1988.

Much, Rudolf: Die Germania des Tacitus. Unter Mitarbeit von Herbert Jankuhn herausgegeben von Wolfgang Lange, Heidelberg 1967 (3., beträchtlich erweiterte Aufl.).

Perl, Gerhard: Tacitus. Germania. Lateinisch und deutsch (Griechische und lateinische Quellen zur Frühgeschichte Mitteleuropas bis zur Mitte des 1. Jahrtausends u. Z./Schriften und Quellen der Alten Welt 37,2), Berlin 1990.

Reeb, Wilhelm: Tacitus. Germania. Herausgegeben und erläutert, Berlin/Leipzig 1930.

Rives, James B.: Tacitus. Germania. Translated with Introduction and Commentary, Oxford 1999.

Schuhmann, Roland: Geographischer Raum und Lebensform der Germanen. Kommentar zu Tacitus' Germania, c. 1–20, Jena, Univ., Diss., 2006 (online zugänglich).

Städele, Alfons: Cornelius Tacitus. Agricola; Germania. Lateinisch und deutsch. Herausgegeben, übersetzt und erläutert, Düsseldorf/Zürich [2]2001.
Zernial, Unico: Tacitus' Germania. Mit einer Karte von Heinrich Kiepert, Berlin 1890 (online zugänglich).

Schulkommentare

Froesch, Hartmut: Tacitus. Germania, Stuttgart 2012.
Kliemt, Stefan: Tacitus. De origine et situ Germanorum (clara), Göttingen 2006.
Mariotti, Scevola: Tacito. La Germania, in: Questa, Cesare; Traina, Alfonso; Mariotti, Scevola: Una maschera, una coscienza, un popolo. Letture da Plauto, Seneca, Tacito per la terza liceo classico, Turin 1981,175–264 (online zugänglich).
Schulz, Meinhard-Wilhelm: Tacitus. De origine et situ Germanorum: Germania, Tl. 1, Text mit Wort- und Sacherläuterungen, Stuttgart 1992.
Schulz, Meinhard-Wilhelm: Tacitus. De origine et situ Germanorum: Germania, Tl. 2, Arbeitskommentar und Zweittexte, Stuttgart 1995.
Städele, Alfons: De origine et situ Germanorum, für die Schule hrsg. und erklärt, 2 Bände ([I: Text/Kommentar/II: Lehrerheft) (=Testimonia), Bamberg 1983.

Deutsche Übersetzungen

Fuhrmann, Manfred: Tacitus. Germania. Übersetzt, erläutert und mit einem Nachwort herausgegeben, Stuttgart 1997 (u.ö.).
Lund, A. Allan: P. Cornelius Tacitus. Germania. Interpretiert, herausgegeben, übertragen, kommentiert und mit einer Bibliographie versehen, Heidelberg 1988.
Städele, Alfons; Fink, Gerhard: Tacitus. Germania. Studienausgabe Lateinisch - Deutsch, Berlin [4]2011.

Sekundärliteratur[83]

Almagor, Eran; Skinner, Joseph (Hg.): Ancient Ethnography. New Approaches, London; New York 2013.
Ash, Rhiannon: Tacitus, Oxford 2012.
Barceló, Pedro: Hispania, Iberia I, in: DNP 5 (1998), Sp. 618–622.
Bauerochse, Andreas; Haßmann, Henning; Püschel, Klaus (Hg.): „Moora" - das Mädchen aus dem Uchter Moor. Eine Moorleiche der Eisenzeit aus Niedersachsen 2: Naturwissenschaftliche Ergebnisse, in: Materialhefte zur Ur- und Frühgeschichte Niedersachsens 47, Rahden/Westfalen 2018
Beck, Heinrich (Hg.): Zur Geschichte der Gleichung „germanisch-deutsch", Berlin 2004.

83 Eine ausführliche und kommentierte Übersicht über die Sekundärliteratur zu Einzelstellen der *Germania* bis 1991 bietet Lund 1991b.

Beck, Jan-Wilhelm: ‚Germania' – ‚Agricola'. Zwei Kapitel zu Tacitus' zwei kleinen Schriften. Untersuchungen zu ihrer Intention und Datierung sowie zur Entwicklung ihres Verfassers (Spudasmata 68), Hildesheim u. a. 1998.

Beek, Roy van et al.: Bogs, Bones and Bodies. The Deposition of Human Remains in Northern European Mires (9000 BC–AD 1900), in: Antiquity 1–21 (doi:10.15184/aqy.2022.163).

Benario, Herbert W.: The *Annals*, in: Pagán 2012, S. 101–122.

Binder, Gerhard; Saiko, Maren: Lebensalter, in: DNP 6 (1999), Sp. 1207–1212.

Birley, Anthony R.: The Life and Death of Cornelius Tacitus, in: Historia. Zeitschrift für Alte Geschichte 49,2 (2000), S. 230–247.

Borzsák, Stefan: Tacitus – ein Manierist?, in: ANRW II.33.4 (1991), Sp. 2581–2596.

Bringmann, Klaus: Topoi in der taciteischen Germania, in: Jankuhn/Timpe 1989, S. 59–78.

Cancik, Hubert et al. (Hg.): Der Neue Pauly (DNP), Stuttgart 1996–.

Dietz, Karlheinz: Bataveraufstand, in: DNP 2 (1997), Sp. 488–491.

Dietz, Karlheinz: Batavi, in: DNP 2 (1997), Sp. 491 f.

Dietz, Karlheinz: Cimbri, in: DNP 2 (1997), Sp. 1203–1205.

Düwel, Klaus: Runenkunde, Stuttgart/Weimar 2001 (3., vollständig neu bearb. Aufl.).

Eck, Werner: Caligula, in: DNP 2 (1997), Sp. 937–939.

Eck, Werner: Quinctilius II 7, in: DNP 10 (2001), Sp. 702–704.

Eder, Walter: Vierkaiserjahr, in DNP 12/2 (2002), Sp. 204 f.

Elvers, Karl-Ludwig: Marius I 1, in: DNP 7 (1999), Sp. 902–905.

Fischer, Franz; Heiligmann Jörg: Bemerkungen zur ‚Germania' des Tacitus aus archäologischer Sicht, in: ANRW II.33.3, Berlin; New York 1991, Sp. 2223–2339.

Fischer, Thomas: Gladius. Roms Legionen in Germanien, München 2020.

Flach, Dieter: Die Germania des Tacitus in ihrem literaturgeschichtlichen Zusammenhang, in: Jankuhn/Timpe 1989, S. 27–58.

Flaig, Egon: Tacitus [1], in: DNP 11 (2001), Sp. 1209–1214.

Fritsch, Andreas: Die altsprachlichen Fächer im nationalsozialistischen Schulsystem, in: Reinhard Dithmar (Hg.): Schule und Unterricht im Dritten Reich, Neuwied 1989, S. 135–162.

Fündling, Jörg: Ventidius I 3, in: DNP 12/2 (2002), Sp. 14–16.

Fuhrmann, Manfred: Die Germania des Tacitus und das deutsche Nationalbewusstsein, in: ders., Brechungen, Stuttgart 1982, S. 113–128.

Geisthardt, Johannes M.: Zwischen Princeps und Res Publica. Tacitus, Plinius und die senatorische Selbstdarstellung in der Hohen Kaiserzeit, Wiesbaden 2014.

Georges, Karl Ernst: Der neue Georges. Ausführliches Handwörterbuch Lateinisch – Deutsch, hrsg. von Thomas Baier, bearbeitet von Tobias Dänzer, Darmstadt 2019. Eine ältere Ausgabe findet sich online: Georges, Karl Ernst: Ausführliches lateinisch-deutsches Handwörterbuch. Aus den Quellen zusammengetragen und mit besonderer Bezugnahme auf Synonymik und Antiquitäten unter Berücksichtigung der besten Hilfsmittel ausgearbeitet. Unveränderter Nachdruck der achten verbesserten und vermehrten Auflage, 2 Bände, Darmstadt 1998 (Reprint der Ausgabe Hannover: Hahnsche Buchhandlung, 1913/1918).

Gill-Robinson, Heather; Allard, Travis T.: Imaging the ‚Windeby Child', in: Journal of Biological Research – Bollettino della Società Italiana di Biologia Sperimentale 80,1 (2004) (DOI: 10.4081/jbr.2005.10090).

Grimal, Pierre: Tacite, Paris 1990.

Haase, Mareile: Hochzeitsbräuche und -ritual, in: DNP 5 (1998), Sp. 649–656.

Heldmann, Konrad: *Sine ira et studio:* Das Subjektivitätsprinzip der römischen Geschichtsschreibung und das Selbstverständnis antiker Historiker, München 2011.

Heraeus, Karl: Ueber einige unbeachtet gebliebene Fehler und controverse Stellen im Texte der Germania des Tacitus, in: Festschrift zur Einweihung des neuen Gymnasialverbandes, Hamm 1880, 3–14.

Hirstein, James S.: Tacitus' Germania and Beatus Rhenanus (1485–1587). A Study of Editorial and Exegetical Contribution of a Sixteenth Century Scholar (Studien zur klassischen Philologie 91), Frankfurt am Main 1995.

Holstein, David: Tacitus: der „letzte nordische Römer". Zur Ideologievermittlung im Lateinunterricht unter nationalsozialistischer Herrschaft durch die Schullektüre von Tacitus' „Germania", in: Pegasus-Onlinezeitschrift 15,2 (2015), S. 55–72.

Jankuhn, Herbert; Timpe, Dieter (Hg.): Beiträge zum Verständnis der Germania des Tacitus. Bericht über die Kolloquien der Kommission für die Altertumskunde Nord- und Mitteleuropas im Jahr 1986 (Abhandlungen der Akademie der Wissenschaften in Göttingen, phil.-hist. Kl. 3; 175), Göttingen 1989.

Krebs, Christopher B.: Negotiatio Germaniae. Tacitus' Germania und Enea Silvio Piccolomini, Giannantonio Campano, Conrad Celtis und Heinrich Bebel (Hypomnemata 158), Göttingen 2005.

Krebs, Christopher B.: Ein gefährliches Buch. Die „Germania" des Tacitus und die Erfindung des Deutschen, München 2012.

Krierer, Karl Reinhard: *Truces vultus* im Blick der Wissenschaft, in: Anzeiger der philosophisch-hisorischen Klasse, 134. Jahrgang 1997–1999, 2. Teilband, Wien 2000, S. 97–126.

Kuhlmann, Peter: Humanismus und Alte Sprachen im Dritten Reich, in: Archiv für Kulturgeschichte 88 (2006), S. 409–431

Kühner, Raphael: Ausführliche Grammatik der lateinischen Sprache. Teil I: Elementar-, Formen- und Wortlehre, neu bearb. v. Fr. Holzweissig, Hannover/Leipzig ^{2}1912; Teil II: Satzlehre, neu bearb. v. C. Stegmann, 2 Bde. Hannover ^{2}1914 (beide Teile: Nachdr. 1982).

Lafond, Yves, Gallia, in: DNP 4 (1998), Sp. 763–767.

Landfester, Manfred: Einführung in die Stilistik der griechischen und lateinischen Literatursprachen, Darmstadt 1997.

Lehmann, Gustav Adolf: Imperium und Barbaricum. Neue Befunde und Erkenntnisse zu den römisch-germanischen Auseinandersetzungen im nordwestdeutschen Raum – von der augusteischen Okkupationsphase bis zum Germanen-Zug des Maximinus Thrax (235 n. Chr.), Wien 2011.

Lund, Allan, A.: Zum Germanenbild der Römer. Eine Einführung in die antike Ethnographie, Heidelberg 1990.

Lund, Allan, A.: Versuch einer Gesamtinterpretation zur ‚Germania' des Tacitus, in: ANRW II.33.3, Berlin; New York 1991a, Sp. 1858–1988 (Indices: 2347–2382).

Lund, Allan A.: Kritischer Forschungsbericht zur ‚Germania' des Tacitus, in: ANRW II.33.3, Berlin; New York 1991b, Sp. 1989–2222 und Sp. 2341–2344 (Indices: 2347–2382).

Lund, Allan A.: Germanenideologie im Nationalsozialismus. Zur Rezeption der Germania des Tacitus im ‚Dritten Reich', Heidelberg 1995.

Lund, Allan, A.: Die ersten Germanen. Ethnizität und Ethnogenese, Heidelberg 1998.

Lund, Allan, A.: Zur interpretatio Romana in der ‚Germania' des Tacitus, in: Zeitschrift für Religions- und Geistesgeschichte 59,4 (2007), S. 289–310.

Marincola, John (Hg.): A Companion to Greek and Roman Historiography, 2 Bde., Oxford u. a. 2007.

Master, Jonathan: The Histories, in: Pagán 2012, S. 84–100.

Mehl, Andreas: Römische Geschichtsschreibung. Grundlagen und Entwicklungen. Eine Einführung, Stuttgart u. a. 2001.

Mellor, Ronald: Tacitus, New York 1993.

Mellor, Ronald: Tacitus' Annals, Oxford/New York 2011.

Menge, Hermann: Lehrbuch der lateinischen Syntax und Semantik, völlig neu bearbeitet von Thorsten Burkard und Markus Schauer, Darmstadt [2]2005.

Menge, Hermann; Güthling, Otto: Langenscheidts Großwörterbuch Lateinisch. Teil 1: Lateinisch - Deutsch. Unter Berücksichtigung der Etymologie, Berlin u.a. 2001 (Nachdr. d. Ausg. v. 1911, 26. Aufl.).

Mertens, Dieter: Die Instrumentalisierung der „Germania" des Tacitus durch die deutschen Humanisten, in: Beck 2004, S. 37–101.

Momigliano, Arnaldo: Some Observations on Causes of War in Ancient Historiography, in: ders., Secondo contributo alla storia degli studi classici, Rom 1960, S. 13–27.

Müller, Klaus E.: Geschichte der antiken Ethnologie, Reinbek bei Hamburg 1997.

Nagel, Svenja: Isis im Römischen Reich, 2 Teilbde (Philippika. Altertumskundliche Abhandlungen 109), Wiesbaden 2019.

O'Gorman, Ellen: No Place Like Rome. Identity and Difference in the *Germania* of Tacitus, in: Ash 2012, S. 95–118.

Oakley, Stephen P.: Res olim dissociabiles. Emperors, Senators and Liberty, in: Woodman 2009, S. 184–194 (= Oakley 2009a).

Oakley, Stephen P.: Style and Language, in: Woodman 2009, S. 195–211 (= Oakley 2009b).

Pagán, Victoria Emma: A Companion to Tacitus, Malden/MA; Oxford 2012.

Perl, Gerhard: Die Germania des Tacitus. Historisch-politische Aktualität und ethnographische Tradition, in: Acta Classica Universitatis Scientiarum Debreceniensis 19 (1983), S. 79–89.

Petermann, Werner: Die Geschichte der Ethnologie, Wuppertal 2004.

Pingel, Volker: Moorleichen, in: DNP 8 (2000), Sp. 389 f.

Riemer, Ulrike: Die römische Germanienpolitik. Von Caesar bis Commodus, Darmstadt 2006.

Rives, James B.: Germania, in: Pagan 2012, S. 45–61.

Römer, Franz: Kritischer Problem- und Forschungsbericht zur Überlieferung der taciteischen Schriften, in: ANRW II.33.3, Berlin; New York 1991, Sp. 2299–2339.

Rutledge, Steven H.: Tacitus' *Dialogus de Oratoribus,* in: Pagán 2012, S. 62–83.

Sailor, Dylan: The *Agricola,* in: Pagán 2012, S. 23–44.

Sanden, Wijnand van der: Mumien aus dem Moor. Die vor- und frühgeschichtlichen Moorleichen aus Nordwesteuropa, Amsterdam 1996.

Schallmayer, Egon (Hg.): Traian in Germanien, Traian im Reich. Bericht des Dritten Saalburgkolloquiums (Saalburg-Schriften 5), Bad Homburg v.d.H. 1999.

Schlabow, Karl: Textilfunde der Eisenzeit in Norddeutschland (Göttinger Schriften zur Vor- und Frühgeschichte 15), Neumünster 1976.

Schmal, Stephan: Tacitus, Hildesheim 2005.

Schottky, Martin: Arsakes, in: DNP 2 (1997), Sp. 34.

Schottky, Martin: Pakoros, in: DNP 9 (2000), Sp. 156 f.

Schuhmann, Roland: *tamquam* oder *quamquam:* Zu Tacitus, Germania, c.4 und zur Überlieferung der *Germania* Im Mittelalter, in: Glotta 79, 1/4 (2003), 205–223.

Shotter, David C. A.: Tacitus' View of Emperors and the Principate, in ANRW II.33.5, Berlin; New York 1991, Sp. 3263–3331.

Staatliche Museen zu Berlin und LandesMuseum Bonn (Hg.): Germanen. Eine archäologische Bestandsaufnahme, Darmstadt 2021.

Suerbaum, Werner: Skepsis und Suggestion. Tacitus als Historiker und als Literat, Heidelberg 2015.
Syme, Ronald: Tacitus, 2 Bde., Oxford 1958.
Thomas, Richard F.: The Germania as a Literary Text, in: Woodman 2009, S. 59–72.
Timpe, Dieter: Ethnologische Begriffsbildung in der Antike, in: Heinrich Beck (Hg.), Germanenprobleme in heutiger Sicht (Reallexikon der Germanischen Altertumskunde, Ergänzungsband 1), Berlin/New York 1986, S. 22–40.
Timpe, Dieter: Die Absicht der Germania des Tacitus, in: Jankuhn/Timpe 1989, S. 106–127.
Timpe, Dieter: Romano-Germanica. Gesammelte Studien zur Germania des Tacitus, Stuttgart/Leipzig 1995.
Timpe, Dieter: Der Namensatz der taciteischen Germania, in: Ders. 1995, S. 61–92.
Todd, Malcolm: Die Germanen. Von den frühen Stammesverbänden zu den Erben des Weströmischen Reiches, Darmstadt 2000.
Treggiari, Susan: Ehe, III. Rom, in: DNP 3 (1997), Sp. 896–899.
Vanotti, Gabriella: Samnites, Samnium, in: DNP 11 (2001), Sp. 13–16.
Whitton, Christopher: „Let us Tread our Path Together". Tacitus and the Younger Pliny, in: Pagan 2012, S. 345–368.
Wiesehöfer, Josef: Ammen, in: DNP 1 (1996), Sp. 595 f.
Will, Wolfgang: Licinius I 11, in: DNP 7 (1999), Sp. 161 f.
Wolters, Reinhard: Die Römer in Germanien, München [6]2011.
Woodman, Anthony J. (Hg.): The Cambridge Companion to Tacitus, Cambridge/New York 2009.

Lernvokabular

amnis, -is (m.)	Fluss
armentum, -i (n.)	Großtierherde (im Pl. „Ochsen“)
aspernari, -atus	verschmähen
auspicium, -ii (n.)	Vogelschau, Vorzeichen

bellicosus, -a, -um	kriegerisch

cibus, -i (m.)	Speise, Nahrung
coire, -ii	sich versammeln
commercium, -ii (n.)	Handel
concilium, -ii (n.)	Versammlung, Volksversammlung
conditor, -is (m.)	Gründer, Stifter
consensus, -us (m.)	Übereinstimmung
constantia, -ae (f.)	Standhaftigkeit
contentus, -a, -um	zufrieden
conubium,-ii (n.)	Vermählung
convivium, -ii (n.)	Gastmahl, Gelage
crinis, -is (m.)	Haar

discernere 3, -crevi, -cretum	trennen, unterscheiden
discordia, -ae (f.)	Uneinigkeit, Zwietracht

eligere 3, -legi, -lectum	auswählen

flagitium, -ii (n.)	Schandtat
flexus, -us (m.)	Bogen
formido, -inis (f.)	Angst
frons, frontis (f.)	Stirn
frumentum, -i (n.)	Getreide

gignere 3, genui, genitum	hervorbringen

habitus, -us (m.)	Aussehen, Kleidung, Gesinnung
hospitium, -ii (n.)	Gastfreundschaft

immensus, -a, -um	unermesslich, unmäßig groß
inertia, -ae (f.)	Trägheit, Untätigkeit
ingenuus, -a, -um	frei geboren (Subst.: Freigeborener)
lacus, -us (m.)	See
lucus, -i (m.)	geheiligter Wald
nemus, -oris (n.)	Wald, Hain
numen, -inis (n.)	Gottheit, göttliches Wirken
obligare 1	verpflichten
obses, -idis (m. und f.)	Geisel
origo,-inis (f.)	Ursprung
pagus, -i (m.)	Gau
palus, -udis (f.)	Sumpf
pecus, -oris (n.)	sog. Nutztiere (besonders kleinere Tiere wie Schafe)
pedes, itis (m.)	Fußsoldat
penes (Präp. + Akk.)	bei
princeps, -cipis (m.)	(hier meist:) führender Mann
raptus, -us (m.)	Raub bzw. Raubzug
saltus, -us (m.)	Waldgebirge, Gebirgswald
scutum, -i (n.)	Schild (der)
separare 1	trennen
simplex, -icis	einfach
sinus, -us (m.)	Bucht, Halbinsel
superstitio, -onis (f.)	Aberglaube
transgredi 3, -gressus	überschreiten
tributum, -i (n.)	Steuer, Abgabe
valere 2, -ui	gelten, vermögen, mächtig sein
verberare 1	schlagen
vertex, -icis (m.)	Scheitel, Höhe
vestis, -is (f.)	Kleidungsstück, Tuch
vinculum, -i (n.)	Band, Fessel